Pensamientos Profundos

Juan J. Pagán

WESTBOW®
PRESS
A DIVISION OF THOMAS NELSON
& ZONDERVAN

Los libros de WestBow Press pueden ser ordenados en librerías
o contactando directamente WestBow Press Division de Thomas
Nelson en las siguientes direcciones o número de teléfono:

WestBow Press
A Division of Thomas Nelson & Zondervan
1663 Liberty Drive
Bloomington, IN 47403
www.westbowpress.com
1-(866) 928-1240

Debido a la naturaleza dinámica del internet, alguna de las
direcciones de la página web o alguna otra conexión contenida
en este libro pueden haber cambiado desde su publicación y no
ser válida. Los puntos de vista expresados en este libro vienen del
autor y no necesariamente reflejan los puntos de vista del editor y
el editor por este medio no se hace responsable por los mismos

El texto Bíblico ha sido tomado de la versión Reina-Valera ©
1960 Sociedades Bíblicas en América Latina; © renovado 1988
Sociedades Bíblicas Unidas. Utilizado con permiso. Reina-
Valera 1960™ es una marca registrada de la American Bible
Society, y puede ser usada solamente bajo licencia.

Cualquier personas que aparecen en imágenes de archivo
proporcionada por Thinkstock son modelos,
y este tipo de imágenes se utilizan únicamente con fines ilustrativos.
Ciertas imágenes de archivo © Thinkstock.

ISBN: 978-1-4908-2081-1 (sc)

Número de Control de la Biblioteca del Congreso de EE.UU.: 2013923150

Impreso en los Estados Unidos de Norteamérica.

WestBow Press fecha de revisión: 1/14/2014

Índice

Dedicación

Mientras escribía cada palabra en un papel o libreta, mi corazón sentía que debía escribirlo como para alguien, pero jamás me imaginaba para quien.

¡Ahora entiendo! Hoy es un libro; lo dedico, a toda la humanidad en el mundo entero, no importa la raza, color o nación, espero que toque en lo más profundo de su ser.

Agradecimiento

Quiero darle un máximo agradecimiento a alguien muy importante en mi vida, quien contribuyó grandemente para que esto se hiciera realidad y no se quedara en sueños; alguien quien aun sin yo saber, ni imaginarme que iba a salir un libro sobre esto, con las experiencias que me permitió pasar me ayudó a construirlo; alguien a quien amo con todo mi corazón y con toda mi alma, se que en algún momento le fallé, pero siempre ha estado ahí, y merece llevarse toda la honra y el honor sobre todo; Dios, gracias.

También quiero reconocer a todas las personas que estuvieron cerca de mí y las que estuvieron indirectamente. A mi esposa, gracias por tu ayuda (Te amo), a mis hijos Joel Omar y Joelis Marie (Los amo mucho), mis hermanos, mi padre (Los quiero mucho), mi madre, que ya no está en la tierra con nosotros. A mis cuñadas, mis cuñados, mis concuñados, mis suegros, mis tíos, mis primos, compañeros de estudio, de trabajo en el hospital y muchas otras personas, que aunque ninguno se haya dado cuenta de que estaban aportando, lo hicieron, sea en algo agradable o..., pero todo la transformé en positivo. Gracias, les aprecio a todos en mi corazón.

No se me puede pasar, quiero agradecerle a David Maisonet Registrador de la Propiedad Intelectual en

Puerto Rico por su amable servicio y atención. A todo el equipo de Westbow press por su gran labor en el proceso y publicación del libro, en especial a Kathy Lester "My Senior Publishing Consultant" y Katherine Montgomery "My Check-In Coordinator", se lo agradezco muchísimo.

Explicación de las tres partes, resumen

PARTE 1

La primera parte, fue mi primer amor, cuando conocí a Dios, cuando verdaderamente le conocí. ¿Porqué verdaderamente? La palabra de Dios dice: *(Job 42: 5) De oídas te había oído; mas ahora mis ojos te ven.* Soy nacido y criado en el evangelio, mi papá era pastor; y mi madre, los que la conocían, dicen que era una mujer santa, ahora comprendo porque lo decían, su corazón lloraba por amor a Él y lo expresaba escribiéndolo en sus libretas; desde pequeño he escuchado su nombre, pero no es lo mismo oír, que sentirlo en el corazón, cada paso que doy, le pido que me ayude a agradarle solo a Él.

PARTE 2

Esta parte es un poco más sencilla de explicar; solamente puedo decir de ella, que comprendí que tenía que escribir mis experiencias como si todo el mundo las fuera a leer. Que yo quería llegar a lo más profundo de cada corazón, y luego decirles: toda esta felicidad, todo hasta donde he podido llegar y todo lo que he podido alcanzar, y para que todo aquel que quiera alcanzar todo en la vida "todo" se encuentra en el precioso libro "La biblia" las palabras de Dios.

PARTE 3

Es la parte más crucial de mi vida, parte que la cambió para siempre, parte que dejó consecuencias, por mis actos; entendí también que Dios siempre está a nuestro cuidado, que si cometemos pecado, es porque hicimos fuerza para que pasara. El comienzo de ella, momento de gran llanto, dolor en el alma y corazón, pues creí que jamás volvería a ver a Dios, al que amo con todo mi corazón. Pero fue también el momento de un nuevo comienzo; comienzo de persistencia, de coraje, de no volverme a rendir jamás, en el nombre de Jesús. Admito que este libro surgió, por su gran e infinita misericordia.

PARTE
1

Sabiduría

1. Nosotros con la sabiduría de Dios, callan a nuestros consejos.

   Job 29: 21 dice: Me oían, y esperaban, y callaban a mi consejo.

2. Cuando uno tiene mucho dinero, también mucha humildad y tiene a Dios por primero, te ríes, te sonríes, con una persona pobre; la persona no lo cree, porque hay muchos ricos que son altivos "Orgullosos", pero Dios se glorifica en la humildad.

   Job 29: 24 dice: Si me reía con ellos, no lo creían;...

3. Dios se glorifica cuando otros se burlan de uno, Dios los deja; porque después, ellos vendrán donde nosotros. Pero tenemos que tratarlos con amor y humildad para siempre, y no engrandecernos sobre ellos. Llorar con el afligido y ayudarlo.

   Job 30:9 dice: Y ahora yo soy objeto de su burla, y les sirvo de refrán.

4. Debemos de cuidar nuestros ojos de mirar a otra mujer y las mujeres de mirar a otro

hombre. Dios ofrece un consejo; si te es ocasión de caer el mirar, pues mejor no mires. Esto aplica también, y mucho más, para los que estamos unidos en santo matrimonio.

Job 31:1 dice: Hice pacto con mis ojos; ¿Cómo, pues, había yo de mirar a una virgen? Mateo 5:29 dice: Por tanto, si tu ojo derecho te es ocasión de caer, sácalo, y échalo de ti; pues mejor te es que se pierda uno de tus miembros, y no que todo tu cuerpo sea echado al infierno.

5. Saben lo que es, que después que tú te enamoras de tu esposa, que después que creen un fruto de amor, nos vayamos tras la tentación, quizás tras una atracción física; sea arrancada nuestra pareja, nuestra esposa tan linda y tan hermosa de nuestro lado.

Job 31:7 y 8 dice: Si mis pasos se apartaron del camino, si mi corazón se fue tras mis ojos y si algo se pegó a mis manos, 8: Siembre yo, y otro coma, y sea arrancada mi siembra.

6. También a veces nuestro corazón, quiere seguir lo que ven nuestros ojos, quizás un auto, algo material, y nos empeñamos en

tenerlo, en soñar, en imaginar en eso, y nos apresa nuestra mente en la vanidad.

7. A veces nuestra carne es llamada por una atracción física, una atracción supuestamente linda emocional, y nos engañamos teniendo nosotros nuestra pareja, puesta por el Señor Jesucristo. (Esto también aplica para las mujeres, con otro hombre que no es el de ella) Quizás esa mujer fue o es la esposa o la novia de tu prójimo, de tu amigo; o simplemente un conocido, y estamos haciéndole daño a un hermano, y también a nosotros mismos. Pero el castigo será que otro, u otra, se enamore de tu pareja, de tu esposo, de tu esposa.

   Job 31: 9 y 10 dice: Si se fue mi corazón engañado acerca de mujer, y si estuve acechando a la puerta de mi prójimo, 10: Muela para otro mi mujer, y sobre ella otros se encorven.

8. No pongamos en poco a los demás, que a veces no queremos escuchar, que también creemos que son menos que nosotros. No pongamos en poco a los niños, a veces no escuchamos a los niños; tenemos que prestarles atención, también podríamos

aprender muchas cosas de ellos, porque en ellos está la santidad de Dios, y no solo a los de uno, sino a todos.

Job 31: 13 y 14 dice: Si hubiera tenido en poco el derecho de mi siervo y de mi sierva, cuando ellos contendían conmigo 14: ¿Qué haría yo cuando Dios se levantase? Y cuando él preguntara, ¿Qué le respondería yo?

9. Dios nos bendice en abundancia; algunos por su persistencia llegan a ser cantantes, ingenieros, músicos profesionales, etc. Al de poco ingreso económico, con ayudas federales o del gobierno; y a veces queremos comérnoslo todo, solos, y no compartirlo. Cuando Dios no los regala, no lo vendamos, compartámoslo. Regalemos como Dios nos regala a nosotros, y Dios nos bendecirá más. Si tienes poco, comparte con lo poco que tienes, porque ciertamente dice la "Biblia" palabra de Dios en *(Mateo 25: 21) Y su señor le dijo: Bien, buen siervo y fiel; sobre poco has sido fiel, sobre mucho te pondré; entra en el gozo de tu señor.* También dice en *(Lucas 16: 10) El que es fiel en lo muy poco, también en lo más es fiel; y el que en lo muy poco es injusto, también en lo más es injusto.*

Job 31: 17 dice: Si comí mi bocado solo, y no comió de él el huérfano

10. Abriguémosle.

Job 31: 19 dice: Si he visto que pereciera alguno sin vestido, y al menesteroso sin abrigo;

11. No se alegre nuestro corazón de que tenga mas y mas riquezas, sino mantenerse humilde como si no las tuviera, y callado.

Job 31: 25 y 28 dice: Si me alegré de que mis riquezas se multiplicasen, y de que mi mano hallase mucho;… 28: Esto también sería maldad juzgada; porque habría negado al Dios soberano.

12. No sonriamos, ni nos burlemos cuando aquel que antes te molestaba y se burlaba de ti, ahora está en un sillón de ruedas o en algún otro sufrir; este mismo que antes era un atleta o practicaba el levantamiento de pesas y también se enorgullecía. No te rías de él, porque si lo haces, castigo vendrá sobre ti.

Job 31: 29 dice: Si me alegré en el quebrantamiento del que me aborrecía, y me regocijé cuando le halló el mal…

13. Confiemos en Dios porque él es nuestro testigo, a veces nos preocupamos por el que dirán. Una mujer en cierto momento dijo al público que yo quería salir con ella, teniendo yo mi esposa, no habiendo yo dicho eso. Fue mi adversaria en ese momento y me formó un proceso, pero sé que mi testigo es Jehová, en él confiaré y algún día Dios lo sacará a la luz; pero tengo que seguir amando y compartiendo palabras con esa persona cada vez que la vea, como Dios es amor, y Dios se glorificará. Amén.

    Job 31: 35 dice: ¡Quién me diera quien me oyese! He aquí mi confianza es que el Omnipotente testificará por mí, aunque mi adversario me forme proceso.

14. Siempre dicen que los ancianos son los más sabios; sí, tienen su experiencia y nosotros los jóvenes tenemos que aprender lo bueno de sus experiencias que le sirvieron en sus vidas, y claro, lo malo, desecharlo. Pero la sabiduría la da Dios a quien él quiera y a quien la pida, sea joven, o anciano. *Proverbios 1: 7 dice: El principio de la sabiduría es el temor de Jehová; los insensatos desprecian la sabiduría y la enseñanza.* Significado de Insensato: Falto de sensatez, tonto, fatuo.

Significado de Fatuo: Falto de razón o de entendimiento. *1 Timoteo 4: 12 dice también: Ninguno tenga en poco tu juventud, sino sé ejemplo de los creyentes en palabra, conducta, amor, espíritu, fe y pureza.*

Job 32: 9 dice: No son los sabios los de mucha edad, ni los ancianos entienden el derecho.

15. Dios no hace acepción de personas.

Job 34: 19 dice: ¿Cuánto menos a aquel que no hace acepción de personas de príncipes. Ni respeta más al rico que al pobre, porque todos son obra de sus manos?

16. La palabra de Dios también está llena de ciencia sobre la naturaleza. Condensación.

Job 36: 27 dice: Él atrae las gotas de las aguas, al transformarse el vapor en lluvia,

17. La luz es más rápida que el sonido.

Job 37: 3 y 4 dice: Debajo de todos los cielos lo dirige, y su luz hasta los fines de la tierra. 4: Después de ella brama el sonido, truena él con voz majestuosa; y aunque sea oída su voz, no los detiene.

18. El hombre razona todos los días, y si no nos cuidamos en oración y ayuno, orar por la mañana, al medio día, por la noche, en fin, todo el tiempo; caeremos en un abismo como si no hubiera razón.

    Job 37: 20 dice: ¿Será preciso contarle cuando yo hablare? Por más que el hombre razone, quedará como abismado.

19. La grandeza de Dios. ¿Cuál es el cordel de la tierra y la Osa Mayor? Toda ciencia está escrita en un libro, antes que todo científico la haya encontrado, y si buscaran ahí encontrarían mas; eso si lo buscan apropiadamente. El libro, "La Biblia".

    Job 38: 4, 5 y 32 Dios le pregunta a Job: ¿Dónde estabas tú cuando yo fundaba la tierra? Házmelo saber, si tienes inteligencia. 5: ¿Quién ordenó sus medidas, si lo sabes? ¿O quién extendió sobre ella cordel? 32: ¿Sacarás tú a su tiempo las constelaciones de los cielos, o guiarás a la Osa Mayor con sus hijos?

20. ¿Cuál es el sacrificio de justicia? Nuestro cuerpo, nuestra carne, sacrificar nuestra carne al Espíritu Santo de Dios, en no

cometer pecado; sacrificio de alabanza, ese es nuestro sacrificio, y confiad en Dios.

Salmo 4: 5 dice: Ofreced sacrificios de justicia, y confiad en Jehová.

21. Ya no son sacrificio de animales, ahora son sacrificios de alabanzas, y cumplir con los mandamientos. Cuando venimos al Señor, él cambia nuestros corazones, y nadie nos tendrá que decir que cumplamos la ley, porque estará dentro de nosotros, y la haremos.

Salmo 50: 13 dice Dios: ¿He de comer yo carne de toros, o de beber sangre de machos cabríos?

22. Mis ojos han visto la ruina de los que abusaron de mí y mi confianza, "Dios lo hizo". Desde cuarto grado experimenté lo que era el abuso, todos contra uno; después lo llamado "Bullying", como me empujaban, y me humillaban con palabras. Luego vi como Dios los puso bajo la planta de mis pies, como me dio la confianza para entender que con Dios somos poderosos en mente, en sabiduría, en tener el carácter para poder enfrentar las ofensas hacia mi persona, y ellos ni tan siquiera se atrevieran

a alzarnos la voz. Solo cuando humillamos nuestro corazón a Cristo, y le pedimos entendimiento y sabiduría.

Salmo 54: 7 dice: Porque él me ha librado de toda angustia, y mis ojos han visto la ruina de mis enemigos.

23. Me oprimen todos los días, se levantan contra mí con soberbia "Orgullo", pero yo en ti confío. Yo he visto tu gloria.

Salmo 57: 6 dice: … Hoyo han cavado delante de mí; en medio de él han caído ellos mismos. Selah

24. Tienes misericordia de los que se rebelan con iniquidad, y más tarde vuelven otra vez con iniquidad.

25. Los hombres maquinan contra otros hombres, tratando de arrojarle, de desplomarle de la grandeza que tiene cada cual. Con su boca bendicen, pero maldicen en su corazón. Alma mía, en Dios solamente reposa. Es mi refugio, no resbalaré.

Salmo 62: 3 dice: ¿Hasta cuándo maquinareis contra un hombre, tratando todos vosotros de aplastarle como pared desplomada y como cerca derribada?

26. Me recuerdo que cada vez que iba a cursar un grado de una escuela a otra, estaban los "bullying" esperando que llegaran los nuevos para azotarlos. Pero siempre tú oh Dios enviabas al más fuerte de la escuela para que me cuidaran, y nunca, cada vez que pasaba a otra escuela permitiste que me azotaran. Pero ahora entiendo que fuiste Tú. Tú defiendes a los humildes de corazón.

Salmo 68: 5 dice: Padre de huérfanos y defensor de viudas es Dios en su santa morada.

27. No se rían o no nos riamos de los que Dios regaña o pone su vara sobre él, porque habrá mal para nosotros.

Salmo 69: 26 dice: Porque persiguieron al que tú heriste, y cuentan del dolor de los que tú llegaste.

28. Hasta en la cocina nos puede ayudar la biblia.

Números 11: 5 dice: Nos acordamos del pescado que comíamos en Egipto de balde, de pepinos, los melones, los puerros, las cebollas y los ajos;…

29. Cierto es lo que dice aquí: Que mejor es un día en el templo, que mil fuera haciendo otras cosas.

    Salmo 84: 10 dice: Porque mejor es un día en tus atrios que mil fuera de ellos…

30. El diezmo debe llevarse al templo.

    Levítico 27: 32 dice: …el diezmo será consagrado a Jehová.

31. Declaración del Papa Juan Pablo II en Julio de 1993. "El celibato no es esencial para el sacerdocio; no es una ley promulgada por Jesucristo". Detalles sobre el celibato, adoptados del "Blogspot" de la Iglesia Católica Apostólica Salvadoreña. Documento que profundizó en mis pensamientos.

32. Veo a los artistas con toda su fama y gloria en su juventud; los veo ahora desapareciendo, secándose como la hierba que es cortada en la tarde.

    Salmo 90: 5 y 6 dice: Los arrebatas como torrente de aguas; son como sueño, Como la hierba que crece en la mañana. 6: En la mañana florece y crece; a la tarde es cortada, y se seca.

33. El pueblo aun viendo milagros y prodigios de Jehová se han corrompido. Yiye Ávila "Evangelista", como Dios lo usó. Todos hemos olvidado lo que pasó en esa época. Han provocado la ira de Jehová, como se airó con Israel. Por eso <u>Dios destruirá</u>, si no nos humillamos delante de él.

Salmo 106: 7 dice: Nuestros padres en Egipto no entendieron tus maravillas; No se acordaron de la muchedumbre de tus misericordias, Sino que se rebelaron junto al mar, el Mar Rojo. Salmo 95: 6 dice: Venid, adoremos y postrémonos; arrodillémonos delante de Jehová nuestro Hacedor.

34. No contenderá para siempre Dios con el hombre.

Génesis 6: 3 dice: Y dijo Jehová: No contenderá mi espíritu con el hombre para siempre, porque ciertamente él es carne; mas serán sus días ciento veinte años.

35. Fornicamos en unirnos a sus relajos, a sus bromas y chistes "colorao"; y si no

obedecemos al Espíritu Santo nos caemos. Como cristianos y como fue Jesús aquí en la tierra con las personas, sí, nos reímos de algunas de sus bromas por sus ocurrencias, pero, que no salgan de nuestras bocas las mismas bromas y ocurrencias de ellos. Pensemos antes de hablar, para que el Espíritu Santo no se entristezca.

Número 25: 1 y 2 dice: Moraba Israel en Sitim; y el pueblo empezó a fornicar con las hijas de Moab, 2: las cuales invitaban al pueblo a los sacrificios de sus dioses; y el pueblo comió, y se inclinó a sus dioses.

36. Alejémonos y no forniquemos, y el ardor y la ira de Jehová se apartará de nosotros.

Número 25: 4 dice: Y Jehová dijo a Moisés: Toma a todos los príncipes del pueblo, y ahórcalos ante Jehová delante del sol, y el ardor de la ira de Jehová se apartará de Israel.

37. Sí, hay personas entre nosotros que tienen celo por Dios, como lo tuvo Finees; y oran por el pueblo de Dios y por la humanidad, para que tenga misericordia de nosotros.

Número 25: 11 dice: Finees hijo de Eleazar, hijo del sacerdote Aarón, ha hecho apartar mi furor de los hijos de Israel, llevado de celo entre ellos; por lo cual yo no he consumido en mi celo a los hijos de Israel.

38. Aquel pueblo que se aleja de Jehová, Dios nos entregará en las manos de otras naciones o de un gobernante que se enseñoreará de nosotros. Seremos oprimidos: Pagos altos al consumidor, contribuciones altas, tributos altos, diremos: ¿Porque el dinero no nos da?

Salmo 106: 41 dice: Los entregó en poder de las naciones, y se enseñorearon de ellos los que les aborrecían.

39. Nos olvidamos de sus consejos, y con todo eso el nos mira en nuestra angustia, oye nuestro clamor y aboga por nosotros.

Jueces 2: 18 dice: Y cuando Jehová les levantaba jueces, Jehová estaba con el juez, y los libraba de mano de los enemigos todo el tiempo de aquel juez; porque Jehová era movido a misericordia por sus gemidos a causa de los que los oprimían y afligían.

40. La iglesia es cabeza en el mundo, por cuanto somos el cuerpo de Cristo.

    Efesios 1: 22 y 23 dice: Y sometió "Dios" todas las cosas bajo sus pies, y lo dio por cabeza sobre todas las cosas a la iglesia, 23: la cual es su cuerpo, la plenitud de Aquel "Jesús" que todo lo llena en todo. Leer versículos anteriores a estos.

41. Aquellos que son nuevos en la iglesia, en los caminos de Dios; busque las cosas de arriba, leamos todos los días la biblia, oremos hablemos mucho con Dios. Y los que son viejos, lo mismo, Añadiendo el ayuno. *Lucas 5: 34 y 35 dice: El les dijo: ¿Podéis acaso hacer que los que están de bodas ayunen, entre tanto que el esposo está con ellos? 35: Más vendrán días cuando el esposo les será quitado; entonces, en aquellos días ayunarán.*

    Colosenses 3: 1 dice: Si, pues, habéis resucitado con Cristo, buscad las cosas de arriba, donde está Cristo sentado a la diestra de Dios.

42. Cuando somos nuevos en los caminos de Dios, el nos bendice, nos da todo lo que necesitamos. Cuando nos hacemos adultos en este camino, somos pasados por el fuego, somos probados, hay cosas que

Dios no te da para él ver si tu lo amas igual que cuando te dio todo. Ayunamos para someter al cuerpo, la carne, a que aprenda a vivir tanto en los días buenos, como en los días malos.

Pausa

Salmo 115: 3 – 8 dice: Nuestro Dios está en los cielos; todo lo que quiso ha hecho. 4: Los ídolos de ellos son plata y oro, obra de manos de hombres. 5: Tienen boca, mas no hablan; tienen ojos, más no ven; 6: Orejas tienen, más no oyen; tienen narices, más no huelen; 7: Manos tienen, más no palpan; tienen pies, más no andan; no hablan con su garganta. 8: Semejante a ellos son los que los hacen, y cualquiera que confía en ellos.

Canción

Mateo 21: 9 dice: Y la gente que iba delante y la que iba detrás aclamaba, diciendo: ¡Hosanna al hijo de David! ¡Bendito el que viene en el nombre del Señor! ¡Hosanna en las alturas! Por: Roberto Orellana (Cantante)

43. ¿Por qué hay muchos que han adquirido la costumbre, o la moda de decir: Bendecido, o te bendigo? ¡Bendecido por quien! ¿Por el que lo está diciendo? Necesito escuchar por quien soy bendecido, y esto está por la palabra. Te bendigo en el nombre del Señor Jesús.

Salmo 129: 8 dice: Ni dijeron los que pasaban: Bendición de Jehová sea sobre vosotros; Os bendecimos en el nombre de Jehová.

44. En ti, hay perdón.

Salmo 130: 3 y 4 dice: JAH "Jehová", si mirareis a los pecados, ¿Quién, oh Señor, podrá mantenerse? 4: Pero en ti hay perdón, para que seas reverenciado.

45. La tierra elegida por Dios.

Salmo 132: 13 y 17 dice: Porque Jehová ha elegido a Sion; La quiso por habitación para sí. 17: Allí haré retoñar el poder de David; he dispuesto lámpara a mi ungido.

Experiencia de la vida para consejo

46. También el Señor se reirá y se burlará por haberse ellos burlado del que predicaba la palabra del Señor Jesús, del que se burlaba del humilde, del que se cayó; ellos también caerán.

    Proverbios 1: 26 dice: También yo me reiré en vuestra calamidad, y me burlaré cuando os viniere lo que teméis;

47. Cantantes seculares como: Reggaetoneros y otros, nos llevan a nosotros los jóvenes a soñar y querer ser como ellos; tener dinero como ellos, "blin blin" cadenas grandes de plata y muchos diamantes; pero a ellos el enemigo los escogió para él, mientras que muchos de los que quieren ser como ellos o sueñan ser como ellos, seguirán soñando todas sus vidas y se harán nada hasta su muerte.

    Proverbios 1: 32 dice: Porque el desvío de los ignorantes los matará, y la prosperidad de los necios los echará a perder;

48. La mujer casada que se aleja de Dios, se olvida de su marido. Dios nos libra de ellas cuando buscamos el temor a Jehová. Guardémonos de allegarnos a

ellas, porque perderemos el camino a los senderos de la vida.

Proverbios 2: 16 y 17 dice: Serás librado de la mujer extraña, de la ajena que halaga con sus palabras, 17: La cual abandona al compañero de su juventud, y se olvida del pacto de su Dios.

49. Muchos pierden el sueño, así también pierden la vida.

Proverbios 4: 16 dice: Porque no duermen ellos si no han hecho mal, y pierden el sueño si no han hecho caer a alguno.

50. Para prosperar económicamente o material, dar diezmos. Si Dios te da un auto deportivo, no falles a las leyes terrenales y úngelo.

Proverbios 3: 9 y 10 dice: Honra a Jehová con tus bienes, y con las primicias de todos tus frutos; 10: y serán llenos tus graneros con abundancia, y tus lagares rebosarán de mosto.

51. Si diste la cara por tu amigo, ve donde el que le diste la cara y humíllate y asegúrate de tu amigo.

Proverbios 6: 1 dice: Hijo mío, si salieres fiador por tu amigo, si has empeñado tu palabra a un extraño,...

52. La hormiga no descansa de trabajar, así debemos de ser nosotros. No soñemos, ni estemos pensando en lo que queremos hacer, sin llegar a hacer nada. Si queremos lograr un sueño, trabajemos en eso como la hormiga, prosperando y sin descansar. Hay tiempo para todo dice la palabra de Dios en *(Eclesiastés 3:1)*

Proverbios 6: 6 dice: Ve a la hormiga, oh perezoso, mira sus caminos, y sé sabio;

53. Cuando ella con sus ojos te mire, no te enamore.

Proverbios 6: 24 y 25 dice: Para que te guarden de la mala mujer, de la blandura de la lengua de la mujer extraña. 25: No codicies su hermosura en tu corazón, ni ella te prenda con sus ojos;

54. El que se llega a la mujer de su amigo, su prójimo, hermano, cuñado, primo, algún otro; no quedará sin castigo. Así como el ladrón, tiene que pagar siete veces lo hurtado, lo que se robó. Los celos son

el furor del hombre y no descansará, ni perdonará en el día de su venganza. Y el que se llegó a esa mujer será deshonrado, aunque hable con el celoso, bromee, coma y beba con él; no lo perdonará.

Proverbios 6: 25 dice: Así es el que se llega a la mujer de su prójimo; no quedará impune ninguno que la tocare.

55. La prostituta te duerme, luego te enchulas y te enamoras con tu corazón, luego te dice que es prostituta, y tu corazón se hiere, y se muere; ten cuidado.

Proverbios 7: 4 y 5 dice: Di a la sabiduría: Tú eres mi hermana, y a la inteligencia llama parienta; 5: Para que te guarden de la mujer ajena, y de la extraña que ablanda sus palabras.

56. La sabiduría es eterna, excelente, el que la tome vivirá, cuidará su alma y también su cuerpo; trabajar honradamente, hacer ejercicios musculares como se debe.

Proverbios 8:1 dice: ¿No clama la sabiduría, y da su voz la inteligencia?

57. He aquí unas observaciones, sobre ciencia de la naturaleza de la tierra, marcados en estos versículos.

    Proverbios 8: 26 y 27 dice: No había aún hecho la tierra, ni los campos, ni <u>el principio del polvo del mundo</u>. 27: Cuando formaba los cielos, allí estaba yo; cuando trazaba el <u>círculo sobre la faz del abismo;</u>

58. La mujer sin sentido "Insensata" llama al simple e ignorante para que coma con ella, sin que el marido se de cuentas y lo incita.

    Proverbios 9:13 dice: La mujer insensata es alborotadora; es simple e ignorante.

59. Observación

    Proverbios 10: 1 dice: Los proverbios de Salomón. El hijo sabio alegra al padre, pero el hijo necio es tristeza de su madre.

60. En mi empleo, algunos compañeros de trabajo se la pasaban diciéndole a la supervisora, que me diera a mí, parte de sus labores para ellos quedar más libres; pero, Dios me mudo de departamento y terminaron haciendo parte de mi trabajo

(1/16/2013). Cristo nos librará de la tribulación y el impío entrará en ella.

Proverbios 11: 8 dice: El justo es librado de la tribulación; mas el impío entra en lugar suyo.

61. A veces no frenamos nuestra boca. Algunos padres porque el hijo hace las cosas mal, se ponen a divulgarlo y lo que hacen es hundirlo más; pero, hijo, con todo y eso debes perdonar.

Proverbios 13: 3 dice: El que guarda su boca guarda su alma; mas el que mucho abre sus labios tendrá calamidad.

62. Deseamos estudiar, deseamos saber tocar algún instrumento, ej. guitarra; pero empezamos, mas no terminamos porque no somos diligentes, pronto en el obrar, en trabajarlo persistentemente.

Proverbios 13: 4 dice: El alma del perezoso desea, y nada alcanza; mas el alma de los diligentes será prosperada.

63. Hay quienes quieren tener un auto "BMW" y lo tienen, pero están llenos de deudas, entonces no tienen nada; y hay

quienes pretenden o quieren ser pobres y humildes de corazón y tienen muchas riquezas.

Proverbios 13: 7 dice: Hay quienes pretenden ser ricos, y no tienen nada; y hay quienes pretenden ser pobres, y tienen muchas riquezas.

Verdadero amigo (Cristo)

64. El que es soberbio, o se echa el "guille" orgulloso, algún día lo aborrecerán y nadie lo va a querer.

Proverbios 13: 10 dice: Ciertamente la soberbia concebirá contienda; más con los avisados está la sabiduría.

65. Los carros se ponen viejos y obsoletos, disminuyen; Pero el que ahorra para una casa, un terreno, se aumenta.

Proverbios 13: 11 dice: Las riquezas de vanidad disminuirán; pero el que recoge con mano laboriosa las aumenta.

66. Nos demoramos, nos tardamos en buscar a Cristo, en ponerlo en nuestro corazón; y es tormento del corazón demorarnos.

Proverbios 13:12 dice: La esperanza que se demora es tormento del corazón; Pero el árbol de vida es el deseo cumplido.

67. El que menosprecia la verdad, el que miente, perecerá.

Proverbios 13: 13 dice: El que menosprecia el precepto perecerá por ello; más el que teme el mandamiento será recompensado.

68. A veces nos regañan y rápido nos entra la altivez, nos entra un "guille" orgullo, decimos: A mí no me tienen que regañar.

Proverbios 13: 18 dice: Pobreza y vergüenza tendrá el que menosprecia el consejo; mas el que guarda la corrección recibirá honra.

69. Notamos que, cuando nos convertimos en cristianos, los supuestos amigos nos echan a un lado, o saben que estamos yendo al templo de Cristo, y nos empiezan a mirar por encima del hombro.

Proverbios 13: 19 dice: El deseo cumplido regocija el alma: pero apartarse del mal es abominación a los necios.

70. Hay un dicho que dice: Dime con quién andas y te diré quién eres. Prefiero andar con los que temen a Cristo y ser sabio, que andar con los necios y ser deshonrado, hasta también por ellos mismos.

    Proverbios 13: 20 dice: El que anda con sabios, sabio será; mas el que se junta con necios será quebrantado.

71. Hay bendición para el pueblo, hay bendición para muchas iglesias; pero se pierde, por no esperar en Cristo, por falta de juicio, de no seguir la verdad.

    Proverbios 13:23 dice: En el barbecho de los pobres hay mucho pan; mas se pierde por falta de juicio.

72. Como cristianos, o a veces por la pena, no corregimos a los hijos. He visto a los que no tienen a Cristo en su corazón, no corregir a sus hijos cuando hablan palabras malas, deshonestas, y después el hijo le habla así a sus padres, y los mismos padres, después los aborrecen.

    Proverbios 13: 24 dice: El que detiene el castigo, a su hijo aborrece; más el que lo ama, desde temprano lo corrige.

73. Vamos a comer del Espíritu Santo para saciar nuestra alma.

    Proverbios 13: 25 dice: El justo come hasta saciar su alma; mas el vientre de los impíos tendrá necesidad.

74. Sin la fuerza nuestra alma se nos vacía, mas con la fuerza perseveramos y tendremos abundancia de pan y de la gloria de Dios.

    Proverbios 14: 4 dice: Sin bueyes el granero está vacío; más por la fuerza del buey hay abundancia de pan.

75. Hay veces que la blanda respuesta no significa hablar suave; puede significar quedarse callado, y el Espíritu Santo lo dice, hablará.

    Proverbios 15: 1 dice: La blanda respuesta quita la ira; mas la palabra áspera hace subir el furor.

76. Pensemos antes de actuar.

    Proverbios 15: 28 dice: El corazón del justo piensa para responder; mas la boca de los impíos derrama malas cosas.

77. Para el hombre él está bien, pero para el Espíritu Santo y la palabra de Dios, está mal.

    Proverbios 16: 2 dice: Todos los caminos del hombre son limpios en su propia opinión; pero Jehová pesa los espíritus.

78. Corona de honra es la vejez, pero si se está en Dios.

    Proverbios 16: 31 dice: Corona de honra es la vejez que se halla en el camino de justicia.

79. Las personas reciben azotes, hasta muchos de los cristianos apartados, reciben 100, 200 azotes; pero no paran la mundanidad, y no se aferran a Cristo.

    Proverbios 17:10 dice: La reprensión aprovecha al entendido, más que cien azotes al necio.

80. Hablan de lo que quieren, y de lo que van hacer, y no dejan de hablar; ya cansan y aborrecen.

    Proverbios 17: 12 dice: Mejor es encontrarse con una osa a la cual han robado sus cachorros, que con un fatuo en su necedad.

81. Me dieron un celular a cambio de que le prestara diez dólares, y que después regresaban por él, pagándome y devolviéndome también el dinero. La persona nunca vino, no pagó la deuda.

Un consejo me dieron una vez: No digas el tesoro que tiene tu auto debajo del bonete, o sea un buen motor que a muchos les gustaría tener.

Una vez un rey "relata la biblia", tenía muchos tesoros, iba a morir y Dios le dio una segunda oportunidad, quince años más de vida; en ese tiempo un rey le envió cartas y regalos, o presentes. El rey que había estado por morir, le mostró sus tesoros a los que habían enviado con los regalos para él. Años más tarde después que murió, regresaron los mismos, y le robaron todo el tesoro que él había mostrado "Ezequías". *Así ha dicho Jehová: Maldito el varón que confía en el hombre,… (Jeremías 17: 5)*

Proverbios 17: 16 y 18 dice: ¿De qué sirve el precio en la mano del necio para comprar sabiduría, no teniendo entendimiento? 18: El hombre falto de entendimiento presta fianza, y sale por fiador en presencia de su amigo.

82. Ferias de caballos, negocios de bebidas, otros.

Proverbios 18: 1 dice: Su deseo busca el que se desvía, y se entremete en todo negocio.

83. A la larga se sabe como son en realidad.

Proverbios 18: 2 dice: No toma placer el necio en la inteligencia, sino en que su corazón se descubra.

84. ¿Han escuchado a algunas personas, cuando no les agrada alguien y dicen: Haaaa, allí viene ese?

Proverbios 18: 3 dice: Cuando viene el impío, viene también el menosprecio, y con el deshonrador la afrenta.

85. Hay personas que les gusta hablar de los demás y después les caen encima.

Proverbio 18: 6 dice: Los labios del necio traen contiendas; y su boca los azotes llama.

86. Oremos para que Dios salve el alma de muchos.

Proverbios 18: 7 dice: La boca del necio es quebrantamiento para sí, y sus labios son lazos para su alma.

87. Tienen la autoestima alta.

Proverbios 18: 11 dice: Las riquezas del rico son su ciudad fortificada, y como un muro alto en su imaginación.

88. Cuan más grande sea el ánimo, en anhelo por ir al culto de la iglesia; soportará la enfermedad.

Proverbios 18: 14 dice: El ánimo del hombre soportará su enfermedad; más ¿Quién soportará al ánimo angustiado?

89. Cuando tenemos carro y tenemos dinero todos los muchachos quieren andar con uno; cuando uno no tiene, se nos van del lado.

Tenía yo, como empleado de un negocio, un cliente llamado José Juan; siempre había tratado de echar hacia adelante con pequeños negocios, al parecer nunca había podido hacerlo. Supe que lamentablemente, tenía varios hermanos y todos eran ricos, pudientes en mucho dinero. Mi corazón se entristecía, y decía: Como es posible que ni tan siquiera quieran venir a visitarlo.

Proverbios 19: 4 y 7 dice: Las riquezas traen muchos amigos; mas el pobre es apartado de su amigo. 7: Todos los hermanos del pobre le aborrecen; ¡Cuánto más sus amigos se alejarán de él! Buscará la palabra, y no la hallará.

90. Cuando alguien te de un consejo de cómo correr tu auto en el pista o en la carretera, a gran velocidad; no lo escuches, porque harás divagar las razones de sabiduría. Malgastas gasolina, gomas, piezas del auto, hasta puedes ocasionar un accidente.

Proverbios 19: 27 dice: Cesa, hijo mío, de oír las enseñanzas que te hacen divagar de las razones de sabiduría.

91. No soñemos sin ponerlo en práctica; sino que estudiemos, y vayamos, o caminemos siguiendo las metas, primero Cristo y las hallaremos.

Proverbios 20:13 dice: No ames el sueño, para que no te empobrezcas; abre tus ojos, y te saciarás de pan.

92. No te juntes con los chismosos, tampoco lo seas.

Proverbios 20: 19 dice: El que anda en chismes descubre el secreto; no te entremetas, pues, con el suelto de lengua.

93. Hay personas que quieren tener las cosas a la prisa, haciendo préstamos; y después se ven apretados, ahogados porque no pueden pagar, o simplemente quisieran no tener deudas.

Proverbios 20: 21 dice: Los bienes que se adquieren de prisa al principio, no serán al final bendecidos.

94. Un muchacho en una ocasión quiso enamorar una amiga que yo tenía, conociendo él que yo estaba enamorado de ella. En mi sufrimiento le mencione estas palabras: La venganza es de Dios y no mía, Él hará. Pasó un tiempo y escuché que el padre de ella lo buscaba para matarlo por haberse pros pasado con su hija. Le rogué a Dios que por favor tuviera misericordia de

él, reconociendo yo que su mano es fuerte para con aquellos que abusan y hacen daño al corazón de los demás. Luego fui donde él, y le dije: Viste lo que es la venganza de Dios.

Proverbios 20: 22 dice: No digas: Yo me vengaré; espera a Jehová, y él te salvará.

95. Lazo es al hombre casarse, enamorarse o juntarse rápido, o apresuradamente, y después de hacerlo decir: ¡Que hice!

Proverbios 20: 25 dice: Lazos es al hombre hacer apresuradamente voto de consagración, y después de hacerlo, reflexionar.

96. El orgullo de tener el mejor carro, el más lindo, el saludar con un orgullo brutal, altivez brutal, "guille brutal", a otro; o mirarlo por encima del hombro como dicen por ahí; y los pensamientos impíos "malos"; son pecado para Dios.

Proverbios 21: 4 dice: Altivez de ojos, y orgullo de corazón, y pensamientos de impíos, son pecado.

97. Amontonamos tesoros con lengua mentirosa, comprando y teniendo lujos con préstamos, diciendo mentiras, y en

las planillas y las ayudas del gobierno, "cupones y otras"; pasará lo que dice este versículo de la biblia.

Proverbios 21: 6 dice: Amontonar tesoros con lengua mentirosa es aliento fugaz de aquellos que buscan la muerte.

98. A veces oímos a la gente decir: Haaa, que rica la cerveza, el ron, y lo aman; pero dice la palabra que no se enriquecerán, porque lo gastan en bebidas.

Proverbios 21: 17 dice: Hombre necesitado será el que ama el deleite, y el que ama el vino y los ungüentos no se enriquecerá.

99. Por la soberbia "Guillaera" y por el orgullo, muchas veces faltan el respeto a las personas, hablando palabras soeces, malas.

Proverbios 21: 24 dice: Escarnecedor es el nombre del soberbio y presuntuoso que obra en la insolencia de su presunción.

100. Queremos tener el carro nítido, cantar como los artistas famosos; pero no trabajamos, no nos movemos, no estudiamos.

Proverbios 21: 25 dice: El deseo del perezoso le mata, porque sus manos no quieren trabajar.

101. En un noticiero que vi, encontraron un ataúd, supuestamente era el de Jesús; pero no encontraron, ni encontrarán rastros. Se creen inteligentes los que sacaron el ataúd de Jesús, los arqueólogos; pero no hay inteligencia, ni sabiduría, ni ciencia, ni consejo contra Jehová. Buscan algún rastro para manchar el nombre de Jesús; pero, ¿Quién contra él? ¡Te amo Jesús!

102. Tesoros de maldad se pueden obtener por: robo, fraude, engaño, ganancias deshonestas, negocios de bebidas alcohólicas y otros. Estos, no perseverarán para siempre.

Proverbios 10: 2 dice: Los tesoros de maldad no serán de provecho; mas la justicia libra de muerte.

103. El buen testimonio de nosotros.

Proverbios 22: 1 dice: De más estima es el buen nombre que las muchas riquezas, y la buena fama más que la plata y el oro.

104. A veces el rico mira por encima del hombro al pobre, como si él valiera más; pero no se acuerda que a ambos los creo Dios.

Proverbios 22: 2 dice: El rico y el pobre se encuentran; a ambos los hizo Jehová.

105. En nuestra juventud nos alejamos de Dios, pero después volvimos, porque tuvimos una enseñanza.

Proverbios 22: 3 y 6 dice: El avisado ve el mal y se esconde; mas los simples pasan y reciben el daño. 6: Instruye al niño en su camino, y aún cuando fuere viejo no se apartará de él.

106. A veces el dueño de negocios no triunfa, si no hecha fuera al escarnecedor, para que cese la deshonra.

Proverbios 22: 10 dice: Echa fuera al escarnecedor, y saldrá la contienda, y cesará el pleito y la afrenta.

107. Los arquitectos, los científicos y los doctores pecadores; Dios trastorna sus cosas. Escuché en una ocasión, que había una biblioteca hace muchísimos años atrás, "Creo que fue en algún lugar de Europa"

que se quemó, ¡o la quemaron! Dijeron que si no hubiera sucedido eso, la ciencia hoy en día estuviera muchísimo más avanzada. ¡Quizás hubieran llegado a otro universo, en vez de solamente a la luna, o casi, a Marte!

Proverbios 22: 12 dice: Los ojos de Jehová velan por la ciencia; mas él trastorna las cosas de los prevaricadores.

108. La Autoridad de Acueducto, Luz Eléctrica, otras autoridades, y el gobierno que oprime para aumentar sus ganancias, o "Lambe Ojos" de los ricos; ciertamente empobrecerán.

Palabras de verdad, y sabiduría tienen los que temen a Jehová.

Proverbios 22: 16 dice: El que oprime al pobre para aumentar sus ganancias, o que da al rico, ciertamente se empobrecerá.

109. Los que roban a los pobres, Jehová les quitará todo.

Proverbios 22: 23 dice: Porque Jehová juzgará la causa de ellos, y despojará el alma de aquellos que los despojaren.

110. Es mejor ni fiar, prestar, ni tampoco coger prestado, es mejor regalar.

Proverbios 22: 26 dice: No seas de aquellos que se comprometen, ni de los que salen por fiadores de deudas.

111. El que se afana por ser rico, las riquezas serán como las águilas, echarán vuelo.

Proverbios 23: 4 dice: No te afanes por hacerte rico; sé prudente, y desiste.

112. A veces uno le habla al necio tantas y tantas veces al oído, y es como si no escucharan, menosprecian la prudencia de nuestras razones, y de los que tienen sabiduría de Cristo.

Proverbios 23: 9 dice: No hables a oído del necio, porque menospreciará la prudencia de tus razones.

113. He visto a los pecadores tener buenos carros y muchos lujos, también los he visto quedarse sin ellos.

Proverbios 23: 17 dice: No tenga tu corazón envidia de los pecadores, antes persevera en el temor de Jehová todo el tiempo;

114. Mejor dale el corazón a Jesús y miren nuestros ojos el camino de Dios, porque daño profundo es el mundo.

Proverbios 23: 27 dice: Porque abismo profundo es la ramera, y pozo angosto la extraña.

115. Entre menos busquemos de Dios y más nos apartamos de él, mas se multiplicarán los que roban y los que hacen el mal.

Proverbios 23: 28 dice: También ella, como robador, acecha, y multiplica entre los hombres los prevaricadores.

116. A Dios no le agrada que estén de bebe latas, jactándose de cerveza, porque en ello están las peleas "rencillas", muchas heridas de "balde", quejas y otras cosas, los ojos se marean y hablan perversidades.

Proverbios 23: 30, 31 y 32 dice: Para los que se detienen mucho en el vino, para los que van buscando la mistura. 31: No mires al vino cuan rojea, cuando resplandece su color en la copa. Se entra suavemente; 32: Más al fin como serpiente morderá, y como áspid dará dolor.

117. Presentan la cerveza y el ron tan lindos por la televisión, y en una copa de cristal, y dicen que entra suave; mas al fin dará dolor, también dará dolor de cabeza y al bolsillo, y en un futuro dañará tu cuerpo (El cuerpo es templo del Espíritu Santo).

118. Encontramos que cuando honramos nuestro trabajo, se nos añaden las fuerzas.

Proverbios 24: 10 dice: Si fueres flojo en el día de trabajo, tu fuerza será reducida.

119. Si no predicamos el evangelio teniendo la oportunidad de predicarlo, Dios lo sabrá porque él conoce los corazones y dará al hombre según sus obras. Yiye Ávila, galardones en los cielos tendrá porque se humilló con todo el corazón ante Dios y lo que puso Dios en su corazón él lo hacía y obraba. Pero no digamos, Dios no lo puso en nuestros corazones, porque escrito

está "Id por todo el mundo y predicad el evangelio a toda criatura. (Marcos 16: 15)". ¡No hay que ir muy lejos! Cerca de nosotros hay personas que lo necesitan.

Proverbios 24: 12 dice: Porque si dijeres: Ciertamente no lo supimos, ¿Acaso no lo entenderá el que pesa los corazones? El que mira tu alma, él lo conocerá, y dará al hombre según sus obras.

120. No te burles cuando tu enemigo cayere y tropezare "dice la palabra, ama a tu prójimo como a ti mismo *(Mateo 22: 39)*" y también, amemos a los que nos pagan con mal, y oremos para que Dios tenga misericordia de ellos, como la tuvo con nosotros, porque un día, una vez, nosotros hicimos mal, y Dios en su infinita misericordia nos perdonó.

Proverbios 24: 17 y 18 dice: Cuando cayere tu enemigo no te regocijes, y cuando tropezare, no se alegre tu corazón; 18: No sea que Jehová lo mire, y le desagrade, y aparte de sobre él su enojo.

121. Un gobierno honrado las naciones lo felicitan.

> *Proverbios 24: 24 dice: El que dijere al malo: Justo eres, los pueblos lo maldecirán, y le detestarán las naciones;*

122. Cuando hablamos palabras rectas, las personas se alegran, te sonríen, te buscan; y cuando tú no estás, te extrañan, se recuerdan de ti.

> *Proverbios 24: 26 dice: Besados serán los labios del que responde palabras rectas.*

123. Para todo hay que trabajar, porque he visto del que no trabaja, sueña y no tiene nada; mas he visto del que sueña en tener algo, y pone manos a la obra, lo tiene todo.

> *Proverbios 24: 33 y 34 dice: Un poco de sueño, cabeceando otro poco, poniendo mano sobre mano otro poco para dormir; 34: Así vendrá como caminante tu necesidad, y tu pobreza como hombre armado.*

124. El que trabaja en el templo de Cristo en ayuno, oración, la palabra y obediencia; no tendrá pobreza espiritual, sino que Dios le dará riquezas y dones, primeramente espirituales y después materiales. La

obediencia a las instrucciones de nuestro Señor Jesucristo, es lo más importante.

125. Gloria a Dios es no ser chismoso.

Proverbios 25: 2 dice: Gloria de Dios es encubrir un asunto; pero honra del rey es escudriñarlo.

126. Aparta al impío de tu negocio, y tu negocio se afirmará en justicia.

Proverbios 25: 5 dice: Aparta al impío de la presencia del rey, y su trono se afirmará en justicia.

127. No seas lambe ojo de los grandes, ni te las eches delante de ellos, como para que ellos digan.

Proverbios 25: 6 y 7 dice: No te alabes delante de rey, ni estés en lugar de los grandes; 7: Porque mejor es que se te diga: Sube acá, y no que seas humillado delante del príncipe a quien han mirado tus ojos.

128. No hablemos cosas personales que son secretos tuyos, con otras personas.

Proverbios 25: 9 dice: Trata tu causa con tu compañero, y no descubras el secreto a otro,

129. La palabra dicha como nos conviene, para nosotros es bonita; para nosotros, creemos siempre que tenemos la razón.

Proverbios 25: 11 dice: Manzana de oro con figuras de plata es la palabra dicha como conviene.

130. Palabra que llega al alma y palabra rica, es al sabio que tiene oído obediente.

Proverbios 25: 12 dice: Como zarcillo de oro y joyel de oro fino es el que reprende al sabio que tiene oído dócil.

131. El mucho de todo te hastía y lo vomitas.

Proverbios 25: 16 dice: ¿Hallaste miel? Come lo que te basta, no sea que hastiado de ella la vomites.

132. Hay un dicho que dicen por ahí: "El muerto a los tres días apesta". **Leer versículo de la biblia**

Proverbios 25: 17 dice: Detén tu pie de la casa de tu vecino, no sea que hastiado de ti te aborrezca.

133. ¿Por qué a los usuarios de drogas no les quieren dar trabajo, ni al que roba?

Proverbios 25: 19 dice: Como diente roto y pie descoyuntado es la confianza en el prevaricador en tiempo de angustia.

134. Hay un dicho que dice: "Mejor es estar solo que mal acompañado".

Proverbios 25: 24 dice: Mejor es estar en un rincón del terrado, que con mujer rencillosa en casa espaciosa.

135. Todo se ha corrompido por habernos copiado del mundo, y convertirnos en las cosas de los impíos.

Proverbios 25: 26 dice: Como fuente turbia y manantial corrompido, es el justo que cae delante del impío.

136. No nos glorifiquemos, ni nos enaltezcamos, humillémonos para que Dios se glorifique en nosotros. He visto otros enaltecerse delante de mí, y los he visto humillarse, porque yo me he humillado con humildad delante de ellos.

> *Proverbios 25: 27 dice: Comer mucha miel no es bueno, ni el buscar la propia gloria es gloria.*

137. Cada vez que no venga bendición y venga maldición, es por alguna causa, o quizás un propósito de aprendizaje.

> *Proverbios 26: 2 dice: Como el gorrión en su vagar, y como la golondrina en su vuelo, así la maldición nunca vendrá sin causa.*

138. A veces una broma, un relajito, o un chiste fresco que te digan, un chiste blasfemo hacia Jesús o de Jesús; por nosotros reírnos de ese chiste, somos necio, igual que el que lo dijo.

> *Proverbios 26: 4 dice: Nunca respondas al necio de acuerdo con su necedad, para que no seas tú también como él.*

139. Vemos al necio caer en el mismo hoyo o error, mientras que el sabio se cuida de caer en el.

> *Proverbios 25: 11 dice: Como perro que vuelve a su vómito, así es el necio que repite su necedad.*

140. Los cristianos sabiendo lo malo a veces lo hacemos, o nos apartamos al mal; por eso vemos que el necio hizo tantas cosas malas por mucho tiempo, y Jesús tiene misericordia de él, lo saca de ahí y lo salva.

   Proverbios 26: 12 dice: ¿Has visto hombre sabio en su propia opinión? Más esperanza hay del necio que de él.

141. Muchas veces el perezoso se levanta tarde, después se lamenta y dice: "Ay Dios perdí mi día" En vez de madrugar.

142. Hay personas que dicen o han dicho, que le tienen miedo al trabajo, o le huyen.

   Proverbios 26: 13 dice: Dice el perezoso: El león esta en el camino; el león está en las calles.

143. No se debe airarse uno y entremeterse en pelea de otros, porque saldremos heridos y golpeados.

144. Una vez un hombre en un auto quería pasar muy cerca de la luz de un foco, creyendo que era una motora, para asustar al conductor de ella. Iba con otra persona,

y solo quería hacer una broma para que él se riera. Resulta que era otro auto con un foco fundido. " hay bromas que cuestan karas"

Proverbios 26: 18 dice: Como el que enloquece, y echa llamas y saetas y muerte,

145. Los chismosos comienzan: ¡Hermano, tú supiste lo que le pasó a fulano! Luego siguen y penetran hasta las entrañas.

Proverbios 26: 22 dice: Las palabras del chismoso son como bocados suaves, y penetran hasta las entrañas.

146. Hay personas que dicen así: Si el Señor lo permite se hará esto y esto después, o mañana. Es un decir verdadero, y está en esta palabra, para que no digáis: mañana montaremos un negocio y ganaremos mucha cantidad de dinero; porque no sabéis que pasará mañana.

Santiago 4: 13 y 15 dice: Título (No os gloriéis del día de mañana) 15: En lugar de lo cual deberías decir: Si el Señor quiere, viviremos y haremos esto o aquello.

147. Jactarse de mucha comida, es malo. Jactarse del día de mañana o el siguiente, también es malo.

    Santiago 4: 16 dice: Pero ahora os jactáis en vuestras soberbias. Toda jactancia semejante es mala;

148. En estos tiempos somos avisados por la palabra de Dios; ayunemos y oremos para estar preparados cuando Cristo venga.

    Proverbios 27: 12 dice: El avisado ve el mal y se esconde; mas los simples pasan y llevan el daño.

149. No alabes a tu amigo, ni a nadie, solo a Dios; ni lo bendigas delante de todo el mundo. No lo alabes diciendo, él hace los mejores chistes; porque quitaran la mirada de ti y te quedaras solo.

    Proverbios 27: 14 dice: El que bendice a su amigo en alta voz, madrugando de mañana, por maldición se le contará.

150. El que barre por las esquinas del negocio donde nadie quiere barrer, tendrá honra de su superior.

Proverbios 27: 18 dice: Quien cuida la higuera comerá su fruto, y el que mira por los intereses de su señor, tendrá honra.

151. Puedes comprar el auto que siempre has querido, o la casa, y nunca estarás satisfecho; se te convertirán en vanidad y queras otro u otra.

El hombre que no tiene a Dios, o el que se aparta de él, le pasa lo mismo con su pareja. Cada cual tiene un dicho, y es este es uno: "La misma pareja todo el tiempo, es como comer arroz y habichuela todos los días". Aunque la mujer fuese la más bonita del mundo, o aunque el hombre sea el más lindo o guapo; se convertirán en vanidad y nunca estarán satisfechos de ello.

Proverbios 27: 20 dice: El Seol y el Abadón nunca se sacian; así los ojos del hombre nunca están satisfechos.

152. Tantos gobernadores han pasado por nuestra patria, a causa de un pueblo apartado de Dios.

Proverbios 28: 2 Por la rebelión de la tierra sus príncipes son muchos; mas por el hombre entendido y sabio permanece estable.

153. El pueblo que deja la santidad de Dios, copia las cosas del mundo; el pueblo que deja la senda antigua, alaba el impío. Más los que guardan la senda antigua contenderán en no dejar entrar, las cadenitas o "blin blin", las camisas pegadas en los hombres musculosos, las faldas y los pantalones pegados o ceñidos al cuerpo en las mujeres, en un templo del Santo Cristo.

Proverbios 28: 4 dice: Los que dejan la ley alaban a los impíos; mas los que la guardan contenderán con ellos.

154. El que confiesa sus pecados y se aparta de ellos (repito) y se aparta; ese, alcanzará misericordia.

Proverbios 28: 9 y 13 dice: El que aparta su oído para no oír la ley, su oración también es abominable. 13: El que encubre sus pecados no prosperará; mas el que los confiesa y se aparta alcanzará misericordia.

155. He visto hombres arrepentidos porque no estuvieron con una sola mujer, estuvieron con otras y han perdidos sus casas, su dinero, tienen que pagar pensión, hasta han llorado porque no tienen a sus hijos al lado de su cuarto.

Proverbios 29:3 dice: El hombre que ama la sabiduría alegra a su padre; mas el que frecuenta rameras perderá los bienes.

156. En una ocasión vi un hombre intentando guardar un dinero sabiendo que era de una señora de la cual se le habían caído, ella estaba preguntando, mas él se quedaba callado; pero no fui yo cómplice, y lo descubrí mirándolo a los ojos delante de ella, obligándolo a que se los regresara.

Proverbios 29: 24 dice: El cómplice del ladrón aborrece su propia alma; pues oye la imprecación y no dice nada.

157. Un empleado acusó a otro con el jefe, ese empleado lo supo; todavía sigue enojado con él.

Proverbios 30: 10 dice: No acuses al siervo ante su señor, no sea que te maldiga, y lleves el castigo.

La mujer y el marido

158. Trabajaba de día y de noche, lavan las ropas, friegan los trastes, recogen sus casas; y siempre están al cuidado de su familia.

    Proverbios 31: 10 dice: Mujer virtuosa, ¿Quién la hallará? Porque su estima sobrepasa largamente a la de las piedras preciosas.

159. Cuando el marido busca íntimamente del Señor Jesús, de todo corazón; es sabio y es conocido por todos.

    Proverbios 31: 23 dice: Su marido es conocido en las puertas, cuando se sienta con los ancianos de la tierra.

160. Trabaja la esposa en su casa, en la limpieza o mantenimiento de su hogar, en tener comida preparada para su familia; mas la comida que ella se comió no es gratis, porque se la ganó. no es de balde.

    Proverbios 31: 27 dice: Considera los caminos de su casa, y no come el pan de balde.

161. De que vale lo atractivo, o la hermosura y echarse aire con ella; al final será como

nada. La mujer que agrade a Jehová será admirada por todos siempre.

Proverbios 31: 30 dice: Engañosa es la gracia, y vana la hermosura; la mujer que teme a Jehová, ésa será alabada.

162. En una ocasión alguien me hizo un comentario, que a la mujer se le debería pagar un sueldo, porque trabajaba, sea en la casa o afuera; o en los dos lugares.

Proverbios 31: 31 dice: Dadle del fruto de sus manos, y alábenla en las puertas sus hechos.

163. El hombre trabaja y trabaja, obtiene casa, carros, siembra, recoge lo sembrado, todo con el sudor de su frente; al fin muere, viene otro y sigue con lo que dejó.

Eclesiastés 1: 3 dice: ¿Qué provecho tiene el hombre de todo su trabajo con que se afana debajo del sol?

164. Hacia el sur, rodea el norte, giros de viento siempre; acaso así no presentan las tormentas y los huracanes en los noticieros.

Eclesiastés 1: 6 dice: El viento tira hacia el sur, y rodea al norte; va girando de continuo, y a sus giros vuelve el viento de nuevo.

165. Aquí también hay ciencia. La condensación. **Lea versículo bíblico aquí abajo.**

Eclesiastés 1: 7 dice: Los ríos todos van al mar, y el mar no se llena; al lugar de donde los ríos vinieron, allí vuelven para correr de nuevo.

166. Seguirán mostrando casas con tecnologías nuevas y avanzadas, también celulares, autos con los más modernos diseños y otras cosas; más nunca, estaremos saciados.

Eclesiastés 1: 8 dice: Todas las cosas son fatigosas más de lo que el hombre puede expresar; nunca se sacia el ojo de ver, ni el oído de oír.

167. Todo mal que se prueba, sea mirar otra mujer u hombre, desearla o tocarla, sea droga, cigarrillos, asesinato y ortos pecados; no tienen vuelta atrás. El pecado "Lo torcido" no tiene reparación "No se puede enderezar". Por eso el hombre que tiene a Cristo, tiene que ser hombre de verdad, o sea, fuerte, porque si ha cometido pecado antes, tiene que ayunar, orar, y leer

la palabra 'La Biblia' para no caer otra vez en esas tentaciones.

Eclesiastés 1: 15 dice: Lo torcido no se puede enderezar, y lo incompleto no puede contarse.

168. Demuestra que el que tiene a Dios, y Dios le da sabiduría en su corazón, come y se cuida bien; pero hay que buscarlo de todo corazón, no de labios ni de oídos.

Eclesiastés 2: 25 dice: Porque ¿Quién comerá, y quién se cuidará mejor que yo?

169. Hay un versículo, *Mateo 6: 19-20 que dice así: No hagáis tesoros en la tierra, donde la polilla y el orín corrompen, y donde ladrones minan y hurtan; 20: Sino haceos tesoros en el cielo, donde ni la polilla ni el orín corrompen, y donde ladrones no minan ni hurtan.* Todos los tesoros acumulados en la tierra serán para otros.

Eclesiastés 2: 21 dice: ¡Qué el hombre trabaje con sabiduría, y con ciencia y con rectitud, y que haya de dar su hacienda a hombre que nunca trabajó en ello! también es esto vanidad y mal grande.

170. El vivir preocupado por lo que falta de hacer y estar agitado por ello, trae enfermedades de la presión.

   Eclesiastés 3: 1 dice: Todo tiene su tiempo, y todo lo que se quiere debajo del cielo tiene su hora.

171. Ciencia, los animales y los seres humanos del polvo fueron hechos, y al polvo volverán. Científicamente comprobado, el cuerpo se compone de partículas similar a las de la tierra o polvo de la tierra.

   Eclesiastés 3: 20 dice: Todo va a un mismo lugar; todo es hecho del polvo, y todo volverá al mismo polvo.

172. Oí yo una vez, que un hombre no se quería casar por no dejar herencia, ni compartir sus riquezas con su mujer.

173. He descubierto que si trabajamos los dos "yo y mi esposa", tendremos mejor prosperar, no solamente en negocio secular, también en los negocios de mi Padre (Dios); los dos en ayuno, oración y leer la palabra de Dios (La Biblia).

Eclesiastés 4: 9 dice: Mejores son dos que uno; porque tienen mejor paga de su trabajo.

174. Consiguiente del anterior pensamiento. Si cayere uno, en descuido del Espíritu Santo, el otro lo ayudará a levantarse; pero, si estuviere solo...

Eclesiastés 4: 10 dice: Porque si cayeren, el uno levantará a su compañero; pero ¡Ay del solo! que cuando cayere, no habrá segundo que lo levante.

175. Y si el enemigo "Diablo o demonio" se levantare contra uno, dos le resistirán o el otro lo ayudará.

Eclesiastés 4: 12 dice: Y si alguno prevaleciere contra uno, dos le resistirán; y cordón de tres dobleces no se rompe pronto.

176. Cuando uno fuere a la casa de Jehová, para ser sabio acércate más, acerca más tu oído y cuando fueres al templo presta atención hacia los cánticos, la predicación y consejos.

Eclesiastés 5: 1 dice: Cuando fueres a la casa de Dios, guarda tu pie; y acércate más para oír que para ofrecer el sacrificio de los necios; porque no saben que hacen mal.

177. A los niños se les debe ayudar mucho con esto: Las películas de magia, príncipes y princesas y otras; a muchos niños hace que sueñen, por culpa de soñar no llegan a ser los profesionales que en un futuro ellos hubieran queriendo ser. Temer a Dios y serás profesional en todo.

    Eclesiastés 5: 7 dice: Donde abundan los sueños, también abundan las vanidades y las muchas palabras; mas tú, teme a Dios.

178. El gobernador, o algunos opresores, están sujetos al pueblo, o a las personas; si no hay pueblo, no hay gobernador, y si no hay quien pague por el agua o la luz, no hay autoridad de energía eléctrica o de acueducto.

    Eclesiastés 5: 9 dice: Además, el provecho de la tierra es para todos; el rey mismo está sujeto a los campos.

179. El que ama la fiebre de carros o de motoras y toros, no se saciará, porque comprará

lo que siempre había querido y cuando lo tenga, va a querer otro.

Eclesiastés 5: 10 dice: El que ama el dinero, no se saciará de dinero; y el que ama el mucho tener, no sacará fruto. También esto es vanidad.

180. Compran y aumentan a una casa más grande o una mansión, se aumentan los gastos, en: más pago de luz, agua y más limpieza, etc. Un automóvil más caro, más lujoso, las piezas son más caras y gastas más gasolina.

Eclesiastés 5: 11 dice: Cuando aumentan los bienes, también aumentan los que los consumen. ¿Qué bien, pues, tendrá su dueño, sino verlos con sus ojos?

181. No guardemos para enriquecernos, si se va a reunir algo de dinero, sea con un propósito. Porque no sabéis el día en que suceda una situación y todo lo que reunimos para enriquecernos lo veamos disolverse en nuestras manos. Un mueble que queremos comprar, no tenemos el dinero, reunimos la mitad ahora, lo otra mitad después y lo compramos. Porque

desnudos salimos del vientre de nuestras madres, desnudos volveremos.

182. Hay hombres que desearían vivir más tiempo, mas años; científicos que quieren inventar lo mismo que sucede con un sapo del hielo, congelar a un ser humano cierto tiempo y después descongelarlo en un futuro, y viva.

Eclesiastés 6: 3 dice: Aunque el hombre engendrare cien hijos, y viviere muchos años, y los días de su edad fueren numerosos; si su alma no se sació del bien, y también careció de sepultura, yo digo que un abortivo es mejor que él.

183. Mejor es ver o mirar el auto que siempre has querido, o la casa u otra cosa, que tenerlo y ese deseo pase y ya no lo quieras; también mirarlo o verlo es vanidad y aflicción de espíritu.

Eclesiastés 6: 9 dice: Más vale vista de ojos que deseo que pasa. Y también esto es vanidad y aflicción de espíritu.

184. Es mejor que se haga la voluntad de Dios siempre.

> *Eclesiastés 6: 12 dice: Porque ¿quién sabe cuál es el bien del hombre en la vida, todos los días de la vida de su vanidad, los cuales él pasa como sombra? Porque ¿quién enseñará al hombre qué será después de él debajo del sol?*

185. Por eso el ayuno, la oración y la palabra "La Biblia"; para cuando el enemigo te quiera oprimir, no pierdas la sabiduría que Dios te ha dado.

> *Eclesiastés 7: 7 dice: Ciertamente la opresión hace entontecer al sabio, y las dádivas corrompen el corazón.*

186. El principio de cada negocio es hacerlo crecer.

187. Para muchos de los que tienen mucho dinero y riquezas, ellas son su escudo para las enfermedades, y la ciencia también es su escudo; mientras que el sabio en Cristo desde temprana edad se cuida, tanto mental como corporal.

> *Eclesiastés 7: 12 dice: Porque escudo es la ciencia, y escudo es el dinero; mas la sabiduría excede, en que da vida a sus poseedores.*

188. Yo tenía un dicho que decía: No se puede ser muy bueno, ni muy malo. En un cristiano no puede haber maldad; y hay que tener sabiduría de Dios para cuando hay que aplicar la buena voluntad.

Eclesiastés 7: 17 dice: No hagas mucho mal, ni seas insensato; ¿por qué habrás de morir antes de tu tiempo?

189. Porque todos los días pecamos.

Eclesiastés 7: 20 dice: Ciertamente no hay hombre justo en la tierra, que haga el bien y nunca peque.

190. A veces aplicamos nuestro corazón al daño que nos hacen algunas personas, por eso es que Dios permite que nos acordemos del mal que nosotros hicimos, para que oremos y tengamos misericordia de ellos.

Eclesiastés 7: 21 dice: Tampoco apliques tu corazón a todos las cosas que se hablan, para que no oigas a tu siervo cuando dice mal de ti;

191. Cuando una mujer que no teme a Jehová, muy bonita y cuerpo bonito, me quiere seducir y alagar con sus encantos, pienso que es más amarga que la muerte, porque

cuyo corazón es lazos y redes, y sus manos son ligaduras.

Eclesiastés 7: 26 dice: y he hallado más amarga que la muerte a la mujer cuyo corazón es lazos y redes, y sus manos ligaduras. El que agrada a Dios escapará de ella; mas el pecador quedará en ella preso.

192. Hay tiempo para estudiar, tiempo para terminar los estudios y comenzar a trabajar; tiempo para preparar un proyecto y terminarlo.

193. Hay hombres que buscan la fuente de la juventud y buscan como sea alargar sus días, pero ningún hombre tiene potestad sobre la muerte. Solo el que muere en Cristo, vivirá con Él en la eternidad.

Eclesiastés 8: 8 dice: No hay hombre que tenga potestad sobre el espíritu para retener el espíritu, ni potestad sobre el día de la muerte; y no valen armas en tal guerra, ni la impiedad librará al que la posee.

194. He visto jóvenes enseñorearse del otro joven y he visto el mal caer sobre el que se enseñoreó; también he visto otros

enseñorearse sobre el que se enseñoreó. Había uno que se la pasaba molestando y golpeando a los demás; hoy en día es usuario de drogas y deshonra del pueblo.

Eclesiastés 8: 9 dice: Todo esto he visto, y he puesto mi corazón en todo lo que debajo del sol se hace; hay tiempo en que el hombre se enseñorea del hombre para mal suyo.

195. Nos apresuramos por tener un carro de lujo, una casa bonita, enseres bonitos; mirándolo todo, es vanidad y aflicción de espíritu. Comamos y alegrémonos y esto nos quede de nuestro trabajo los días de nuestra vida que Dios nos conceda debajo del sol.

Eclesiastés 8: 15 dice: Por tanto, alabé yo la alegría; que no tiene el hombre bien debajo del sol, sino que coma y beba y se alegre; y que esto le quede de su trabajo los días de su vida que Dios le concede debajo del sol.

196. Muchos no quieren vivir más, otros pierden sus padres y creen que se les acabó la vida; yo perdí mi madre, y por experiencia digo, que aún hay esperanza. Sobre los hijos hay una promesa escrita en la biblia; que dice:

Aunque mi padre y mi madre me dejaran, con todo, Jehová me recogerá. Salmo 27: 10

Eclesiastés 9: 4 dice: Aun hay esperanza para todo aquel que está entre los vivos; porque mejor es perro vivo que león muerto.

197. A caso así no pasa con los boxeadores, tienen su tiempo, ocasión y gloria, y de repente se acaban sus días.

Eclesiastés 9: 11-12 dice: Me volví y vi debajo del sol, que ni es de los ligeros la carrera, ni la guerra de los fuertes, ni aun de los sabios el pan, ni de los prudentes las riquezas, ni de los elocuentes el favor; sino que tiempo y ocasión acontecen a todos. 12: Porque el hombre tampoco conoce su tiempo; como los peces que son presos en la mala red, y como las aves que se enredan en lazo, así son enlazados los hijos de los hombres en el tiempo malo, cuando cae de repente sobre ellos.

198. El cristiano tiene que mantenerse en ayuno, oración y la palabra de Dios "La Biblia" y la obediencia a Dios; porque un error, puede dar mal olor a aquellos que lo estiman como sabio y honorable.

Eclesiastés 10: 1 dice: Las moscas muertas hacen heder y dar mal olor al perfume del perfumista; así una pequeña locura, al que es estimado como sabio y honorable.

199. El corazón del sabio es más fácil, mas el corazón del necio es más difícil.

Eclesiastés 10: 2 dice: El corazón del sabio está a su mano derecha, mas el corazón del necio a su mano izquierda.

200. Hay personas que van al templo donde se reúnen la iglesia de Dios, pero en el camino de su vida ellos mismos se delatan que son necios "ignorantes".

Eclesiastés 10: 3 dice: Y aun mientras va el necio por el camino, le falta cordura, y va diciendo a todos que es necio.

201. En una ocasión una sierva de Cristo se enfrento contra un policía, pero con mansedumbre, porque el policía le quería quitar su lugar; ella no quitó su lugar y con mansedumbre cesó sus ofensas, descubrió que había corrupción en él.

Eclesiastés 10: 4 dice: Si el espíritu del príncipe se exaltare contra ti, no dejes tu lugar; porque la mansedumbre hará cesar grandes ofensas.

202. Aquel dueño de negocios, que no pone sus negocios en las manos de Cristo; en su vida, caminará y estará tan bajo como sus empleados, o más bajo que ellos; y sus empleados que ponen sus vidas en las manos de Dios, estarán tan alto, o más alto, que como si hubieran sido los dueños de ese negocio.

Eclesiastés 10: 7 dice: Vi siervos a caballo, y príncipes que andaban como siervos sobre la tierra.

203. No te apresures, ni hagas fuerza a la vida; espera trabajando tranquilo, en Dios, y se sabio. Usando el machete o el "Trimmer" vez que estas usando más fuerza porque no corta; detente, amuela el machete o añade hilo al "Trimmer" y cortará más fácil.

Eclesiastés 10: 10 dice: Si se embotare el hierro, y su filo no fuere amolado, hay que añadir entonces más fuerza; pero la sabiduría es provechosa para dirigir.

204. Los que hablan palabras obscenas, los que hablan sin pensar, que <u>no</u> tienen pensamientos puestos en el fundamento de Cristo, traerán su propia ruina.

Eclesiastés 10: 12 dice: Las palabras de la boca del sabio son llenas de gracia, mas los labios del necio causan su propia ruina.

205. Hablando de que hay necios que le fatigan su trabajo, es porque no trabajan con amor y no honran su trabajo. La mente del ser humano es creativa. En una ocasión un hombre dijo: Está uno como empleado 5 años y a ese tiempo se cansa, después tiene que construir su propio negocio. Tuvo razón sobre aspirar a algo mejor; mas yo digo, el que trabaja con amor, honradez y es creativo, no se cansa, sino que se goza en el.

Eclesiastés 10: 15 dice: El trabajo de los necios los fatiga; porque no saben por dónde ir a la ciudad.

206. La situación con el gobierno actual, del año 2008, en Puerto Rico; es lo contrario a este versículo, *Vrs. 16 del Cap. 10 de Eclesiastés* y similar al versículo anterior.

Eclesiastés 10: 16 dice: ¡Ay de ti, tierra, cuando tu rey es muchacho, y tus príncipes banquetean de mañana!

Eclesiastés 10: 17 dice: ¡Bienaventurada tú, tierra, cuando tu rey es hijo de nobles, y tus príncipes comen a su hora, para reponer sus fuerzas y no para beber!

207. Dios conoce todos los corazones y todos los pensamientos, no hay nada, ni nadie, que se esconda de él.

Eclesiastés 10: 20 dice: Ni aun en tus pensamientos digas mal del rey, ni en lo secreto de tu cámara digas mal del rico; porque las aves del cielo llevarán la voz, y las que tienen alas harán saber la palabra.

208. Hay muchos que se quedan leto, en una profundidad de imaginación o pensamientos, por minutos y horas; ellos no progresan. Piensa, analiza y actúa. Estudiar y aprovechar la vida. Pero, *Proverbios 1: 7 dice: El principio de la sabiduría es el temor de Jehová;…*

Eclesiastés 11: 4 dice: El que al viento observa, no sembrará; y el que mira a las nubes, no segará.

209. La rutina diaria nos hace preocuparnos por todo lo que pasa y no nos detenemos un instante o quizás nunca a mirar la obra de Dios.

Eclesiastés 11: 5 dice: Como tú no sabes cuál es el camino del viento, o cómo crecen los huesos en el vientre de la mujer encinta, así ignoras la obra de Dios, el cual hace todas las cosas.

Consejo para la juventud

210. He visto jóvenes gozarse en el mal de la carne; carreras de autos y muchas chicas. Después he visto que algunos han muertos en esas carreras; en autos," fourtrack", motoras. He visto chicas jóvenes que eran bonitas, echándose sus aires, su altivez, orgullo, su guille; que solo miran al guapo y lindo del grupo y desprecian y menosprecian al pobre y feo joven; pero he visto al feo convertirse en un guapo y de buen parecer, mas con buena honra y dinero. También he visto la chica linda que lo menospreció, hacerse fea. He visto jóvenes abusadores, he visto su deshonra. Me hubiera gustado y de todo corazón lo digo, haber conocido a Dios desde mi adolescencia o desde mucho antes, temerle

y ponerlo sobre mi y sobre todas mis cosas, porque hay consecuencias que duran, y todavía me duelen, de cosas que antes yo hice. Te amo, Dios.

211. Desde pequeño había oído de Dios y estuve siempre tan cerca de él, y mis padres me llevaban al templo donde todos se reunían para adorarle; pero no es lo mismo haber oído, que ahora conocerle. Te amo, Dios.

212. En los días de tu juventud, busca de Cristo, con todo el anhelo de tu corazón, para que el comienzo de tu vida como adolescente y después como adulto; hagas todo de acuerdo a la voluntad de él y te vaya bien en toda tu vida. Porque después de la juventud llegaran los años en que muchos se quejarán, que tienen mucho trabajo, que están casados y tienen hijos, ya no tienen la misma libertad que tenían para salir de paseo, a la hora que quieren, o en el momento que se les pegue la gana; que quisieran volver al tiempo de escuela, en que quisieran ser jóvenes, pero con la misma madurez que se tiene cuando es adulto. Y los que amamos a Cristo decimos; hubiéramos o quisiera que cuando joven,

hubiera buscado de Dios como lo busco ahora, en Espíritu Santo y Verdad.

Eclesiastés 12: 1 dice: Acuérdate de tu creador en los días de tu juventud, antes de que vengan los días malos, y lleguen los años de los cuales digas: No tengo en ellos contentamiento;...

213. Antes de que se vayan cegando los ojos.

Eclesiastés 12: 2 dice: Antes que se oscurezca el sol, y la luz,...

214. Cuando los músculos y las fuerzas ya no sean igual, ya no puedas comer todo lo que se te antoja. Por eso es bueno también alimentarse bien desde la juventud, comer saludable; sino, cuando vengan las edades mayores, habrán muchas enfermedades. Trabaja honradamente, si es limpieza, limpia los detalles; si es construcción, toma bien la hora del descanso, come en la hora de comer, pero al tu trabajo en la hora del trabajo, y así tus fuerzas durarán mas. En una ocasión le pregunté a una persona entrada en edad que estaba bien físicamente, si cuando joven hacia algún tipo de ejercicio de levantamiento de pesas; él me dijo que no, la causa era por el tipo

de trabajo que hacía y porque honraba su trabajo.

Eclesiastés 12: 3 dice: Cuando temblarán los guardas de la casa, y se encorvarán los hombres fuertes, y cesarán las muelas porque han disminuido,...

215. A los ancianos les cambia la voz y le tiembla.

Eclesiastés 12: 4 dice: Y las puertas de afuera se cerrarán, por lo bajo del ruido de la muela; cuando se levantará a la voz del ave, y todas las hijas del canto serán abatidas;...

216. Ya no pueden los ancianos correr, ni caminar bien.

Eclesiastés 12: 5 dice: Cuando también temerán de lo que es alto, y habrá terrores en el camino; y florecerá el almendro, y la langosta será una carga,...

217. Joven, no seas mapo y escoba de los que tienen cosas mejores que las tuyas, porque de cierto es vanidad; algún día tendremos cosas mejores que las de ellos. Buscad del reino de Dios y su justicia primero y todas las demás cosas os serán añadidas.

218. En el versículo *9, 10 y 12 de Cantares Cap. 4*; el escritor menciona o le dice hermana y esposa; así también se debe tratar a la esposa, con el mismo amor como cuando uno ve a su hermana de sangre, un amor donde uno no la ve con deseo de tener sexo, deseo carnal e inmoral.

Cantares 4: 9 dice: Prendiste mi corazón, hermana, esposa mía; has apresado mi corazón con uno de tus ojos, con una gargantilla de tu cuello.

219. Dios bendijo a Ezequías, porque se humilló de todo corazón delante de Jehová Dios, e hizo llamado al pueblo para que también se humillaran; a los otros reyes que no se humillaron, Dios los destruyó, y los humilló delante de todos los reyes. Hay que hacer llamado, para organizar días de campaña, de ayuno y oración, para que Dios nos bendiga y él se glorifique.

220. Borinquen, tierra que era hermosa, tierra bendecida por Jehová, donde los turistas que venían de lejanas tierras, hablaban bien de ella; decían los turistas y visitantes: los puertorriqueños son amables y cariñosos.

Isaías 1: 21 dice: ¿Cómo te has convertido en ramera, oh ciudad fiel? Llena estuvo de justicia, en ella habitó la equidad; pero ahora, los homicidas.

221. Ciertamente nos hemos alejado del Señor Jesús, trayendo costumbres del mundo y muchos pactan con hijos del mundo, juntándose cristianos con mundanos, sea para hacer cánticos, como también casándose, entrando en matrimonio.

Isaías 2: 6 dice: Ciertamente tú has dejado tu pueblo, la casa de Jacob, porque están llenos de costumbres traídas del oriente, y de agoreros, como los filisteos; y pactan con hijos de extranjeros.

222. *Proverbios 16: 5, Proverbios 21: 4*; A todos los altivos, o en otras palabras, los de soberbia "Guille", "Orgullo", que se creen más que los demás; a los ricos, y pobres que se creen ricos, los de clase media, que son también soberbios y orgullosos; comerán todos en una misma mesa y ninguno podrá creerse más que los demás.

Isaías 2: 11 dice: La altivez de los ojos del hombre será abatida, y la soberbia de los hombres será humillada; y Jehová solo será exaltado en aquel día.

223. En estos tiempos se han quitado los ancianos sabios de todos los lugares.

Isaías 3: 4 dice: Y les pondré jóvenes por príncipes, y muchachos serán sus señores.

224. He visto al que se aparta del camino de Jehová y también al impío "falto de piedad", sus vidas destruidas, cuerpos destruidos a causa de las bebidas alcohólicas.

Isaías 3: 9 dice: La apariencia de sus rostros testifica contra ellos; porque como Sodoma publican su pecado, no lo disimulan. ¡Ay del alma de ellos! porque amontonaron mal para sí.

225. He visto alcaldes, gente de la alta sociedad y grandes dueños de negocios con mujeres jóvenes y bonitas; ellas se están enseñoreando de ellos.

Isaías 3: 12 dice: Los opresores de mi pueblo son muchachos, y mujeres se enseñorean de él. Pueblo mío, los que te guían te engañan, y tuercen el curso de tus caminos.

226. El hombre o la mujer modele para su pareja en su casa, en lo íntimo de su hogar; y el joven o la joven modele con decorosamente para Jehová, para que Dios sea el que le encuentre pareja, de acuerdo a su voluntad y no la nuestra; porque nosotros, miramos por fuera, pero Jehová mira por dentro.

Isaías 3: 16 y 17 dice: Asimismo dice Jehová: Por cuanto las hijas de Sión se ensoberbecen, y andan con cuello erguido y con ojos desvergonzados; cuando andan van danzando y haciendo son con los pies;

227. Los atavíos cosas vanas son, cadenas o collares, pantallas o pendientes, cabellos pintados y relojes de altos costos. Un automóvil que un rico compra, nuevo del año y de alto costo, se hace viejo y pasa a manos del pobre; de que le vale gastar $100,000 en un auto, para que después el pobre lo compre en $6,000 y sigue siendo cosa vana.

Isaías 3: 18 y 19 dice: Aquel día quitará el Señor el atavío del calzado, las redecillas, las lunetas, los collares, los pendientes y lo brazaletes,…

228. En una ocasión supe de un hombre que tenía muchos terrenos; una persona justa, sierva del Dios viviente, le pregunta: ¿Usted me vendería unos cuantos pies de terreno? Él le contestó: Yo no vendo, compro.

Isaías 5: 8 dice: ¡Ay de los que juntan casa a casa, y añaden heredad a heredad hasta ocuparlo todo! ¿Habitareis vosotros solos en medio de la tierra?

229. Conocí una persona, presidente de una empresa, una muy buena casa, buen auto y conocida entre muchos; otro también que recibía mucho dinero por una pensión; por droga, y el presidente por la embriaguez, ambos perdieron todo.

Isaías 5: 11 dice: ¡Ay de los que se levantan de mañana para seguir la embriaguez; que se están hasta la noche, hasta que el vino los enciende!

230. Corrupción, robos, mentiras y asesinatos, nadie se da cuenta.

Isaías 5: 16 dice: Pero Jehová de los ejércitos será exaltado en juicio, y el Dios Santo será santificado con justicia.

231. Ay de los que usan lo que viene de la deidad, para convertirlo en tinieblas. Todo lo que se inventó blasfemando al Espíritu Santo; todo lo que es de las tinieblas , no puede estar en el templo donde se reúnen los siervos de Dios, mucho menos en nuestros cuerpos, porque el cuerpo es templo del Espíritu Santo, ni en nuestro corazón y mente, Amén.

Isaías 5: 20 dice: ¡Ay de los que a lo malo dicen bueno, y a lo bueno malo; que hacen de la luz tinieblas, y de las tinieblas luz; que ponen lo amargo por dulce, y lo dulce por amargo!

232. Son solamente inteligentes por lo que estudiaron y conocen; porque sabio es el que teme y busca la santidad de Jehová.

Isaías 5: 21 dice: ¡Ay de los sabios en sus propios ojos, y de los que son prudentes delante de sí mismos!

233. Amados hermanos, todos los que hemos caído, humillémonos delante de Jehová y tendrá misericordia de nosotros y él nos perdonará.

Isaías 5: 30 dice: Y bramará sobre él en aquel día como bramido del mar; entonces mirará hacia la tierra, y he aquí tinieblas de tribulación, y en sus cielos se oscurecerá la luz.

234. Si la policía nos detiene o nos regaña a causa de la injusticia, bienaventurados somos, no nos infundamos miedo, ni tampoco nos enojemos; darle gracias a Dios, estad siempre preparados y cumplir con la ley con mansedumbre y reverencia ante todo el que nos demande hacer la ley de la tierra, Amén. Porque habrá buen futuro para nosotros. Si cumplieres la ley de Jehová, tendréis sabiduría para cumplir con la ley de la tierra. Amén.

Isaías 8: 13 dice: A Jehová de los ejércitos, a él santificad; sea el vuestro temor, y él sea vuestro miedo. Nota: Ver concordancia de este versículo en 1 Pedro 3: 14-15

235. Estamos destinado a llevar y predicar el evangelio a todo el mundo; pero siendo desobediente, tropezaremos en la palabra.

Isaías 8: 15 dice: Y muchos tropezarán entre ellos, y caerán, y serán quebrantados; y se enredarán y serán apresados. Concordancia 1 Pedro 2: 8

236. Cristo vino la primera vez a llevar los pecados de muchos, pero viene por segunda vez a salvar, a buscar a aquellos que en él esperan; ¿Cómo lo esperan? Obedeciendo al Espíritu Santo, buscando la santidad y estando en ella; buscará a los que han puesto su mirada en él y no en cosas vanas.

OJO- Si cumpliereis con la ley de Dios, nuestros hijos cumplirán con la ley de la tierra. Amén.

Isaías 8: 17 dice: Esperaré, pues, a Jehová, el cual escondió su rostro de la casa de Jacob, y en él confiaré. Concordancia, Hebreos 9: 28

237. Hay muchos fatigados y teniendo hambre, están enojados con sus mismas estatuas e imágenes; sus mentes se les oscurece, están en angustia, y si no despiertan, sino se arrepienten y se convierten a Dios; serán sumidos en las tinieblas.

238. Hoy 16 de agosto del 2008, retirándome con mi Cristo en mi casa; mi esposa y mis niños salieron. Un día, una semana, un tiempo que separes con Jesús; para la carne es una pérdida de tiempo, pero es ganancia en el

Espíritu Santo, para nuestras vidas. Para la carne es mejor dedicárselo a tu familia, para dar un paseo o para hacer compras. Hay tiempo para todo, para trabajar, salir de paseo con la familia, estudiar y otros; pero el tiempo más importante en la vida y que genera fruto pase lo que pase, tenemos que sacar el tiempo para retirarnos con nuestro Señor Jesús. Aunque queramos en ese mes de vacaciones fuera del trabajo, irnos para Disney World porque todos los años nos vamos de viaje; en este mes, retirémonos con Jehová; aunque nos haga falta dinero para pagar las cosas y no podemos dejar de trabajar porque no nos pagan las vacaciones; retirémonos con el Señor Jesús, y Dios nos proveerá. Amén.

239. Pueblo que anda en tinieblas y en sombra de muerte, si dejareis que Cristo entre en vuestros corazones hallareis paz en sus vidas.

Isaías 9:2 dice: El pueblo que andaba en tinieblas vio gran luz; los que moraban en tierra de sombra de muerte, luz resplandeció sobre ellos.

240. Si nosotros los evangelistas, pastores, en fin, todos los escogidos por Jehová,

buscaremos a Dios con fervor y con todo nuestro corazón, todos los días de nuestra vida; Dios por medio de nosotros quebrantará todo yugo pesado de todas las almas cautivas en el pecado.

Isaías 9: 4 dice: Porque tú quebraste su pesado yugo, y la vara de su hombro, y el cetro de su opresor, como en el día de Madián.

241. Porque Jehová quitará toda ayuda (Cupones "ayudas del gobierno", tarjetas de salud y otras) por su falsedad y sus maldades, por causa del pecado que hay desde la cabeza, hasta las cañas.

Isaías 9: 17 dice: Por tanto, el Señor no tomará contentamiento en sus jóvenes, ni de sus huérfanos y viudas tendrá misericordia; porque todos son falsos y malignos, y toda boca habla despropósitos. Ni con todo esto ha cesado su furor, sino que todavía su mano está extendida.

242. Leyes que permiten la lotería, las bebidas y otros.

Isaías 10: 1 y 2 dice: !Ay de los que dictan leyes injustas, y prescriben tiranía, 2: Para apartar del juicio a los pobres, y para quitar el derecho a los afligidos de mi pueblo; para despojar a las viudas, y robar a los huérfanos!

243. Pensemos, cuantos han encarcelado presos, que se aprovecharon de los pobres; ¡y los que faltan!

Isaías 10: 4 dice: Sin mí se inclinarán entre los presos, y entre los muertos caerán. Ni con todo esto ha cesado su furor, sino que todavía su mano está extendida.

244. Estados Unidos Será traicionada. Europa crecerá, pero, castigará Jehová el fruto de la soberbia en su corazón y la gloria de la altivez de sus ojos.

Isaías 10: 6 dice: Le mandaré contra una nación pérfida, y sobre el pueblo de mi ira le enviaré, para que quite despojos, y arrebate presa, y lo ponga para ser hollado como lodo de las calles.

245. Si todos, el pueblo y el gobernador se apoyaran en Jehová con todo nuestro corazón; no pagaríamos tanto tributo.

246. Nosotros esperamos su venida; al Rey de reyes y Señor de señores, Jesús.

Isaías 11: 1 dice: Saldrá una vara del tronco de Isaí, y un vástago retoñará de sus raíces.

247. Esto es para el que le gusta, para el que se deleita en el pecado; gusano serán su cama, y gusanos te cubrirán.

Isaías 14: 11 dice: Descendió al Seol tu soberbia, y el sonido de tus arpas; gusanos serán tu cama, y gusanos te cubrirán.

248. Oh Jehová, tienes misericordia para con muchas personas, pero no se dan cuenta que eres tú; y si se dan cuenta, después se les olvida. Tu mano está alzada sobre aquel altivo, sobre aquel soberbio "orgulloso", sobre aquellos que hacen maldad, sobre aquellos que abusan del humilde y menesteroso; pero ellos no lo ven, hasta que cae sobre ellos y les duele y lloran. ¡Entiendan, por favor Jehová algún día, que tu eres Dios, y sean salvos por tu gran misericordia!

Isaías 26: 11 dice: Jehová, tu mano está alzada, pero ellos no ven; verán al fin, y se avergonzarán los que envidian a tu pueblo; y a tus enemigos fuego los consumirá.

249. Nosotros los que amamos al Señor Jesús, los que queremos seguir su camino, hoy 7 de septiembre de 2008, aguantemos un poco la indignación hacia nosotros, del altivo que no nos tiene misericordia, de los que nos ultrajan, de los que nos oprimen aumentando sus ganancias,... (leer vrs. 21 de Isaías Cap. 26) dice así: *Porque he aquí Jehová sale de su lugar para castigar al morador de la tierra por su maldad contra él; y la tierra descubrirá la sangre derramada sobre ella, y no encubrirá ya más a sus muertos.*

Isaías 26: 20 dice: Anda, pueblo mío, entra en tus aposento, cierra tras ti tus puertas; escóndete un poquito, por un momento, en tanto que pasa la indignación.

250. Nosotros, no hacemos más que ver el fruto cuando está creciendo y ya la agarramos con los dientes.

251. Más no quisieron oír la palabra que Dios está hablando.

Isaías 28: 12 dice: A los cuales él dijo: Éste es el reposo; dad reposo al cansado; y éste es el refrigerio; mas no quisieron oír.

252. El que creyere, no se apresure; y no será avergonzado.

253. Entenderán que Dios es el que ha hablado.

   Isaías 28: 19 dice: Luego que comience a pasar, él os arrebatará; porque de mañana en mañana pasará, de día y de noche; y será ciertamente espanto el entender lo oído.

254. En el sitio de refugio, no en la cama de nuestras casas.

   Isaías 28: 20 dice: La cama será corta para poder estirarse, y la manta estrecha para poder envolverse.

255. Vi a uno y lo escuché en las noticias de televisión, burlándose del huracán. "lee vrs."

   Isaías 28: 22 dice: Ahora, pues, no os burléis, para que no se aprieten más vuestras ataduras; porque destrucción ya determinada sobre toda la tierra he oído del Señor, Jehová de los ejércitos.

256. Cuando nos apartamos de Dios ponemos nuestra esperanza en la mentira, en bromas y en la soberbia "orgullos".

Isaías 30: 2 dice: Que se apartan para descender a Egipto, y no han preguntado de mi boca; para fortalecerse con la fuerza del Faraón, y poner su esperanza en la sombra de Egipto.

257. Las emisoras de radio cristianas están cortando la palabra de Jehová; la palabra de Jehová se respeta y se escucha hasta que termine. Estamos dejando que nos hablen cosa que halagan, y no lo recto.

Isaías 30: 10 dice: Que dicen a los videntes: no veáis; y a los profetas: No nos profetices lo recto, decidnos cosa halagüeñas, profetizad mentiras;...

258. Todo se irá abajo, países, naciones, negocios, tanto grandes como pequeños "wallstreet, el Lehman Brother"; para que Jehová sea exaltado.

Isaías 33: 8 dice: Las calzadas están desechas, cesaron los caminantes; ha anulado el pacto, aborreció las ciudades, tuvo en nada a los hombres.

259. Tanto en los templos cristianos, también católicos y los que no van ellos, pecadores hipócritas; se asombrarán.

Isaías 33: 14 dice: Los pecadores se asombraron en Sión, espanto sobrecogió a los hipócritas. ¿Quién de nosotros morará con el fuego consumidor? ¿Quién de nosotros habitará con las llamas eternas?

260. Verán a Dios nuestro Rey, verán la tierra que está en el tercer cielo.

Isaías 33: 17 dice: Tus ojos verán al Rey en su hermosura; verán la tierra que está lejos.

261. Acordémonos de donde Dios nos sacó; para que no miremos por encima del hombro al que está caído.

Abdías 1: 11 dice: El día que estando tú delante, llevaban extraños cautivo su ejército, y extraños entraban por sus puertas, y echaban suertes sobre Jerusalén, tú también eras como uno de ellos.

262. Los dioses de ellos eran de piedra, de bronce, algunas imágenes son de cerámica; son solo obra de manos de hombre, por tanto se pueden destruir; conocerán que solo hay un Dios, que no es de piedra, ni de madera, ni de ninguna obra de manos de hombres. Dios no agarra polvo, ni le da polilla; las imágenes sí.

Isaías 37: 12 dice: ¿Acaso libraron sus dioses a las naciones que destruyeron mis antepasados, a Gozán, Harán, Resef y a los hijos de Edén que moraban en Telasar?

263. A veces las enfermedades, las situaciones de la vida cristiana y a veces la del mundo, te hacen entender que lo mejor en la vida, es andar humildemente.

Isaías 38: 15 dice: ¿Qué diré? El que me lo dijo, él mismo lo ha hecho. Andaré humildemente todos mis años, a causa de aquella amargura de mi alma.

264. La vida algún día se marchita, anciano y envejeciendo.

Isaías 40: 8 dice: Sécase la hierba, marchítase la flor; mas la palabra de Dios nuestro permanece para siempre.

265. La nación, el gobernador, el pobre o el rico cuyo Dios es Jehová, permanece para siempre.

Isaías 40: 23 dice: Él convierte en nada a los poderosos, y a los que gobiernan la tierra hace como cosa vana.

266. Éste, el que entra en el gozo del Señor.

Isaías 40: 29 dice: Él da esfuerzo al cansado, y multiplica las fuerzas al que no tiene ningunas.

Canción

Isaías 40: 31 dice: Pero los que esperan a Jehová tendrán nuevas fuerzas; levantarán alas como las águilas; correrán, y no se cansarán; caminarán, y no se fatigarán.

267. A todos los que tienen imágenes, crucifijos de Jesús, imágenes de cerámica "la virgen María", Buda y otros; preséntenle pruebas, a ver si tienen poder, dice Jehová. *(Leer vrs. Isaías 41: 21- 29 y el capitulo 42: 8-17 mas el capitulo 44: 9)*

Isaías 41: 21 dice: Alegad por vuestra causa, dice Jehová; presentad vuestras pruebas, dice el Rey de Jacob.

268. Hay un pasaje que dice: Todos mirarán a Jerusalén, todas las naciones.

269. Presentaron un reportaje del mundo, diciendo que algunas estatuas grandes de

Egipto se están dañando a causa de aguas de oasis.

Isaías 43: 20 dice: Las fieras del campo me honrarán, los chacales y los pollos del avestruz; porque daré aguas en el desierto, ríos en la soledad, para que beba mi pueblo, mi escogido.

270. Cuán grande es la misericordia de Dios.

Isaías 43: 25 dice: Yo, yo soy el que borro tus rebeliones por amor de mi mismo, y no me acordaré de tus pecados.

271. ¿No es ignorante? Un siervo de Jehová no debe: Alborotar en ningún lado y boconear. ¡Malgastar las gomas de su auto en la política! Y mucho menos, no cumplir con las leyes.

Isaías 42: 2 dice: no gritará, ni alzará su voz, ni la hará oír en las calles.

272. Todos tratan de buscar la sabiduría, y nadie la encuentra, van a sicólogos y esos consejos no le duran para mucho, ni aún los mismos estudiosos la hallan. ¿Por qué? Yo diré: Buscar *(Proverbios 1: 7) El principio de*

la sabiduría es el temor de Jehová; los insensatos desprecian la sabiduría y enseñanza.

Isaías 44: 25 dice: (Así dice Jehová) que deshago las señales de los adivinos, y enloquezco a los agoreros; que hago volver atrás a los sabios, y desvanezco su sabiduría. También 1 Corintios 1: 20.

273. De los que decimos: ¿Por qué me hiciste feo, pobre, no rico, porque nací?

Isaías 45: 9 dice: ¡Ay del que pleita con su hacedor! ¡El tiesto con los tiestos de la tierra! ¿Dirá el barro al que lo labra: Qué haces?; o tu obra: ¿No tiene manos?

274. Con humildad.

Isaías 45: 13 dice: Yo lo desperté en justicia, y enderezaré todos sus caminos; él edificará mi ciudad, y soltará mis cautivos, no por precio ni por dones, dice Jehová de los ejércitos.

275. En estos tiempos cuando la iglesia se ha apartado del Espíritu Santo de Dios, Jehová buscará a los consagrados y los enviará.

Isaías 13: 3 dice: Yo mandé a mis consagrados, asimismo llamé a mis valientes para mi ira, a los que se alegran con mi gloria.

276. Asolará Jehová a todo aquel que se ha apartado de él y el que no sigue sus caminos.

Isaías 13: 6 dice: Aullad, porque cerca está el día de Jehová; vendrá como asolamiento del Todopoderoso.

277. Al pobre y al rico; castigará Jehová a causa de su orgullo "guille", soberbia; no se humillan a Jesús. Santiago 5: 1 dice: ¡Vamos ahora, ricos! Llorad y aullad por las miserias que os vendrán.

Isaías 13: 11 dice: Y castigaré al mundo por su maldad, y a los impíos por su iniquidad; haré que cese la arrogancia de los soberbios, y abatiré la altivez de los fuertes.

278. Muchos yéndose para Estados Unidos, alejándose de su tierra natal, alejándose sin la voluntad de Jehová; ¿No sabéis que de Estados Unidos vienen todas las ayudas y que es el primero que caerá, ya está cayendo. Muchos dicen: Si pasa algo aquí

en Puerto Rico me iré inmediatamente para allá. No sabéis que Puerto Rico es tierra bendecida por Dios.

Isaías 13: 14 dice: Y como gacela perseguida, y como oveja sin pastor, cada cual mirará hacia su pueblo, y cada uno huirá a su tierra.

279. Dios castigará, aun en Puerto Rico, pero hay un remanente para esta isla, porque es tierra bendecida por Dios; pero, tenemos que humillarnos ante Jesús.

Isaías 14: 23 dice: Y la convertiré en posesión de erizos, y en lagunas de agua; y la barreré con escobas de destrucción, dice Jehová de los ejércitos.

280. Nosotros los escogidos, los evangelista, los llamados a pastor, todo los llamados a predicar la palabra de Jehová; publicad, predicar y no encubráis; no aguantemos, ni detengamos palabra de Jehová, por más dura que sea y parezca.

Jeremías 50: 2 dice: Anunciad en las naciones, y haced saber; levantad también bandera, publicad, y no encubráis; decid: Tomada es Babilonia, Bel es confundido, deshecho es Merodac; destruidas son sus esculturas, quebrados son sus ídolos.

281. Cuando todas estas cosas pasen, por el juicio de Jehová; la iglesia irá andando, y los que se apartaron, y los que reconozcan que Dios es real y que sin él nada somos; irán llorando y buscarán a Jehová nuestro Dios.

Jeremías 50: 4 dice: En aquellos días y en aquel tiempo, dice Jehová, vendrán los hijos de Israel, ellos y los hijos de Judá juntamente; e irán andando y llorando, y buscarán a Jehová su Dios.

282. Una nueva moda, decir: ¡Bendecido! Es solo una moda, porque algún líder o pastor lo dijo todos lo quieren copiar; ¿Por qué cambiar el "Dios te bendiga"? Me dices: bendecido; pregunto yo ¿Bendecido por quién? *(Mateo 24:24 dice: Porque se levantarán falsos Cristos, y falsos profetas, y harán grandes señales y prodigios, de tal manera que engañarán, si fuere posible, aun a los escogidos.)*

Jeremías 50: 6 dice: Ovejas perdidas fueron mi pueblo; sus pastores las hicieron errar, por los montes las descarriaron; anduvieron de monte en collado, y se olvidaron de sus rediles.

283. Ay de aquellos que se alegraron, que se gozaron en tratar mal al usuario de drogas

"Tecato" como le dicen; que lo maldijo con su boca, que abusó de él; no saben que es una oveja descarriada de Jehová; no ven su corazón, muchos no ven su corazón.

Jeremías 50: 11 dice: Porque os alegrasteis, porque os gozasteis destruyendo mi heredad, porque os llenasteis como novilla sobre la hierba, y relinchasteis como caballos.

284. Harán con los que abusaron de los usuarios de drogas, igual como ellos hicieron.

Jeremías 50: 15 dice: Gritad contra ella en derredor; se rindió; han caído sus cimientos, derribados son sus muros, porque es venganza de Jehová. Tomad venganza de ella; haced con ella como ella hizo.

285. Jehová los traerá otra vez, a su santo templo "a los usuarios de drogas" y a los que cayeron.

Jeremías 50: 20 dice: En aquellos días y en aquel tiempo, dice Jehová, la maldad de Israel será buscada, y no aparecerá; y los pecados de Judá, y no se hallarán; porque perdonaré a los que yo hubiere dejado.

286. Tropezará y caerá el soberbio, el altivo de corazón "el orgulloso"; Dios encenderá fuego a sus mansiones, y a sus casas bonitas, quemará sus autos de lujos, que cuando pasaron por el lado del que tenía un carrito, un auto de no mucho costo, barato, lo miraban por encima del hombro o los ignoraban.

Jeremías 50: 31 dice: He aquí yo estoy contra ti, oh soberbio, dice el Señor, Jehová de los ejércitos; porque tu día ha venido, el tiempo en que te castigaré.

287. Jehová también turbará a los que se ampararon en su belleza, que algunos en realidad son guapos(as) o lindos(as), pero tienen orgullo "altivez" en su corazón por eso.

288. Porque estos son sus ídolos: Querer tener el auto más brutal, prepararlo; pagar lo que sea por verse lindo o linda; las prendas, cadenas.

Jeremías 50: 38 dice: Sequedad sobre sus aguas, y se secarán; porque es tierra de ídolos, y se entontecen con imágenes.

289. Tengamos compasión por los que Dios castiga o esté castigando; porque es para que aprendan que sin Dios, no somos nada; para que aprendan que es mejor no conocerle, que conocerle y apartarse, esto es para los que se apartan.

Isaías 47: 6 dice: Me enojé contra mi pueblo, profané mi heredad, y los entregué en tu mano; no le tuviste compasión; sobre el anciano agravaste mucho tu yugo.

290. Ya Dios desde tiempos antiguos lo había advertido, que estas cosas que se convierten en ídolos, nos iban a ser de maldición; las cadenitas, pantallas y la ropa ceñida "pegada" al cuerpo, sea a hombre o mujer, los dos, nos iban a ser de maldición; y el dinero gastado en cosas innecesarias.

Isaías 48: 5 dice: Te lo dije ya hace tiempo; antes que sucediera te lo advertí, para que no dijeras: Mi ídolo lo hizo, mis imágenes de escultura y de fundición mandaron estas cosas.

291. Qué lindo es Jehová.

Isaías 49: 1 dice: Oídme, costas, y escuchad, pueblos lejanos. Jehová me llamó desde el vientre, desde las entrañas de mi madre tuvo mi nombre en memoria.

292. Los escogidos de Dios estamos guardaditos para él, porque la palabra de nuestra boca será como espada aguda, que penetrará en lo más profundo de cada corazón. Él se gloriará en nosotros.

   Isaías 49: 2 dice: Y puso mi boca como espada aguda, me cubrió con la sombra de su mano; y me puso por saeta bruñida, me guardó en su aljaba;...

Sobre los niños

293. Serás como David, que venció un león y después a Goliat en el nombre de Jesús, empezaron a vencer desde que eran jovencitos.

294. Muchos niños sufriendo, porque sus padres los hicieron venir al mundo, para luego dejarlos.

295. Dios sigue hablando a mi vida hoy, 11 de Octubre de 2008.

Isaías 49: 8 dice: Así dijo Jehová: En tiempo aceptable te oí, y en el día de salvación te ayudé; y te guardaré, y te daré por pacto al pueblo, para que restaures la tierra, para que heredes asoladas heredades.

296. Donde vivo, el techo de la casa es de planchas de zinc; este día el sol estaba muy fuerte y demasiada el calor; he pedido aire fresco al Dios de los cielos, y él me lo ha concedido, en su misericordia. Una vez más he visto la gloria de él manifestarse.

Isaías 49: 10 dice: No tendrán hambre ni sed, ni el calor ni el sol los afligirá; porque el que tiene de ellos misericordia los guiará, y los conducirá a manantiales de aguas.

297. Porque Dios escogerá a alguien, al menos que creen, al que alguna vez menospreciaron, al que alguna vez hallaron el mas bajo, al que estaba lejos de sus pensamiento.

298. Será vestido con vestiduras de honra, a aquel que Dios escogiere y obedeciere.

299. Los que honran a Dios, Él nos dará esto.

Isaías 50: 4 dice: Jehová el Señor me dio lengua de sabios, para saber hablar palabras al cansado; despertará mañana tras mañana, despertará mi oído para que oiga como los sabios.

300. Si alguien viene contra uno con altivez y orgullo "guille", no miremos a él; sino que miremos lo que está detrás de eso, quien produce el orgullo y la altivez en él; porque detrás de todo eso hay un corazón necesitado.

301. Ningún cristiano le debe tener temor a algún hombre; a Jehová sí. Porque nosotros lo que amamos a Jehová, estamos con el que está sobre todo y todo hombre.

Isaías 51: 12 dice: Yo, yo soy vuestro consolador. ¿Quién eres tú para que tengas temor del hombre, que es mortal, y del hijo de hombre, que es como heno?

302. Quizás a nosotros no nos escupen, ni nos golpean; pero verbalmente nos agreden. Jesús enmudeció y no abrió su boca, hagamos lo mismo. Yo he visto el resultado, los que me agredían con palabras y los que se burlaban de mi; ahora me admiran y algunos no se atreven mirarme a los ojos,

otros me dan las gracias porque por medio de mi, Dios les salvó la vida.

Isaías 53: 7 dice: Angustiado él, y afligido, no abrió su boca; como cordero fue llevado al matadero; y como oveja delante de sus trasquiladores, enmudeció, y no abrió su boca.

303. Los he visto conspirar contra mí, toda la vida; y los he visto caer delante de mí; pero también he sentido que se me parte el corazón, cuando caen delante de mí.

Isaías 54: 15 dice: Si alguno conspirare contra ti, lo hará sin mí; el que contra ti conspirare, delante de ti caerá.

304. Cadena de oro, valor $800.00; reloj, valor $600.00; pieza "racing" para el vehículo, valor $500.00; cerveza a $2.00 cada una, te tomaste doce, el gasto $24.00. ¿Para qué? Gastos innecesarios.

Isaías 55: 2 dice: ¿Por qué gastáis el dinero en lo que no es pan, y vuestro trabajo en lo que no sacia? Oídme atentamente, y comed del bien, y se deleitará vuestra alma con grosura.

305. Según los científicos, nosotros usamos alrededor de un 8% de memoria; Albert Einstein usaba un 10%; Dios tiene lo infinito.

Isaías 55: 9 dice: Como son más altos los cielos que la tierra, así son mis caminos más altos que vuestros caminos, y mis pensamientos más que vuestros pensamientos.

306. Al que acuda a un verdadero arrepentimiento de todo mal.

Isaías 56: 5 dice: Yo les daré lugar en mi casa y dentro de mis muros, y nombre mejor que el de hijos e hijas; nombre perpetuo les daré, que nunca perecerá.

307. Los que son del mundo y también muchos que se apartan del camino de Dios, no vienen o no vuelven al evangelio, porque aunque muchas veces les duela estar en las cosas del mundo, aunque estén cansados de esa vida; encuentran vigor, buscan en que fiestear, y los que beben "cerveza" dicen: Esto es para olvidar las penas. Por eso muchas veces no salen de la vida que llevan, se acostumbran al dolor, tampoco saben cómo salir de él.

Isaías 57: 10 dice: En la multitud de tus caminos te cansaste, pero no dijiste: No hay remedio; hallaste nuevo vigor en tu mano, por tanto, no te desalentaste.

308. ¿Porque creen que la humildad siempre tiene un paso adelante, siempre sobresale, y siempre prevalece? Hasta en las películas, si prestamos atención; ésta es una: Donde la muchacha humilde que todos lastimaban emocionalmente, resultó ser la heredera al reino. Esta es una historia real: Donde un muchacho que molestaban, empujaban (en la escuela) y también lo lastimaban emocionalmente con palabras; (el era humilde) veía que todos se enorgullecían con ropas nuevas, caras o de mucho costo; que tenían carros nuevos y buenos. Al cumplir su tiempo escolar, él, compró un auto que a todos les hubiera gustado tener, y los que lo lastimaron, se asombraron. Ahora lo saludaban, y lo elogiaban.

Isaías 57: 15 dice: Porque así dijo el Alto y Sublime, el que habita la eternidad, y cuyo nombre es el Santo: Yo habito en la altura y la santidad, y con el quebrantado y humilde de espíritu, para hacer vivir el espíritu de los humildes, y para vivificar el corazón de los quebrantados.

309. El orgullo "la soberbia" siempre cae. Uno está hundido en la depresión, otro en la droga y el alcohol, y otros con sus vidas destrozadas en otras cuestiones; solamente los que se arrepintieron de hacer el mal, y le entregaron sus vidas a Dios, Cristo; sonríen, ahora hay humildad en sus corazones, y son felices.

310. Porque el impío siempre dice: ¡Ay, todos los días lo mismo, la misma rutina diaria, ya me apesta la vida.

Isaías 57: 21 dice: No hay paz, dijo mi Dios, para los impíos.

311. El propósito del ayuno.

Isaías 58: 6 dice: ¿No es más bien el ayuno que yo escogí, desatar las ligaduras de impiedad, soltar las cargas de opresión, y dejar ir libres a los quebrantados, y que rompáis todo yugo?

312. Excusas para Dios, cuando para él no hay excusas, ni existen.

313. Todo el día hablan de todo, de toda vanidad. ¡Yo quiero hacer esto, yo quiero comprar aquello, eso está brutal! Y si

hablan un minuto de las cosas de Dios, es mucho.

Isaías 59: 4 dice: No hay quien clame por la justicia, ni quien juzgue por la verdad; confían en vanidad, y hablan vanidades; conciben maldades, y dan a luz iniquidad.

314. No hacen el esfuerzo para dejar de hacerlo, de quitar esos pensamientos, de apartarlos.

Isaías 59: 7 dice: Sus pies corren al mal, se apresuran para derramar la sangre inocente; sus pensamientos, pensamientos de iniquidad; destrucción y quebrantamiento hay en sus caminos.

315. Porque nos ama, por eso nos castiga.

Isaías 60: 10 dice: y extranjeros edificarán tus muros, y sus reyes te servirán; porque en mi ira te castigué, más en mi buena voluntad tendré de ti misericordia.

316. Abusaron, nos rechazaron, nos dieron por locos, muchos no creyeron, muchos creyentes se apartaron; ahora el Señor Jesús va a ordenar lo que dice en este versículo.

Isaías 61: 3 dice: a ordenar que a los afligidos de Sion se les dé gloria en lugar de ceniza, óleo de gozo en lugar de luto, manto de alegría en lugar del espíritu angustiado; y Serán llamados árboles de justicia, plantío de Jehová, para gloria suya.

317. Todos se han corrompido; se apartaron del camino del Señor Jesús. Jehová ten misericordia de nosotros.

Isaías 64: 7 dice: Nadie hay que invoque tu nombre, que se despierte para apoyarse en ti; por lo cual escondiste de nosotros tu rostro, y nos dejaste marchitar en poder de nuestras maldades.

318. Los templos están vacios, y los que están llenos, de alabanzas vacías están; no soportaron las pruebas, muchos, y muchos se fueron.

Isaías 64: 10 dice: Tus santas ciudades están desiertas, Sion es un desierto, Jerusalén una soledad.

319. Nuestros dioses: La belleza, los autos, el orgullo "la altivez", la mentira y el dinero.

Isaías 65: 3 dice: Pueblo que en mí rostro me provoca de continuo a ira, sacrificando en huertos, y quemando incienso sobre ladrillos.

320. A veces hay jóvenes humildes, que en la escuela los molestan, para esos molestosos, esta palabra es para ellos.

Isaías 66: 14 dice: Y veréis, y se alegrará vuestro corazón, y vuestros huesos reverdecerán como la hierba; y la mano de Jehová para con sus siervos será conocida, y se enojará contra sus enemigos.

321. Para aquellos que se preguntan. ¿Por qué me están pasando estas consecuencias?

Jeremías 2: 17 dice: ¿No te acarreó esto el haber dejado a Jehová tu Dios, cuando te conducía por el camino?

322. También con esto buscan hallar amor: Con libros, sicólogos; con ellos tratan de adornar. ¿Qué mejor libro que la biblia? Ninguno. ¡Mi sicólogo! Jehová.

Jeremías 2: 33 dice: ¿Por qué adornas tu camino para hallar amor? Aun a las malvadas enseñaste tus caminos.

323. Para muchos en estos tiempos, no es malo convivir con la pareja o tener relaciones sexuales sin casarse; ellos los juzgan como cosa liviana, la fornicación. Está mal delante de Jehová.

Jeremías 3: 9 dice: Y sucedió que por juzgar ella cosa liviana su fornicación, la tierra fue contaminada, y adulteró con la piedra y con el leño.

324. Tengamos cuidado con buscar de Cristo así: Yo soy cristiano, yo leo la biblia, yo voy al templo; así decimos mucho, pero si queremos algo poderoso, que sucedan cosas maravillosas, tenemos que hacer mucho más. Lo más que le agrada a Dios, es la humildad, y que nos humillemos ante él de todo corazón; que estemos atentos a la voz del Espíritu Santo, para ir desasiéndose de todo lo que a Dios no le agrada de nosotros; y buscar cumplir con todo el propósito que Dios tiene para con nosotros aquí en la tierra.

325. Las personas están bien confiadas en que no vendrá mal, por cuenta del pecado. Muchos dicen: Soy cristiano, pero haciendo el pecado, niegan a Jehová.

Jeremías 5: 12 dice: Negaron a Jehová, y dijeron: Él no es, y no vendrá mal sobre nosotros, ni veremos espada ni hambre;

326. Qué bonito sería, si todo el pueblo adorara a Jehová para siempre, todas las bendiciones que tuviéramos, tendríamos bendiciones siempre.

Jeremías 5: 24 dice: Y no dijeron en su corazón: Temamos ahora a Jehová Dios nuestro, que da lluvia temprana y tardía en su tiempo, y nos guarda los tiempos establecidos de la siega.

327. Niños abusados y muriendo a causa del maltrato, a causa de negligencia; mujeres golpeadas, raptadas y violadas; ancianos golpeados y abusados.

Jeremías 6: 11 dice: Por tanto, estoy lleno de la ira de Jehová, estoy cansado de contenerme; la derramaré sobre los niños en la calle, y sobre la reunión de los jóvenes igualmente; porque será preso tanto el marido como la mujer, tanto el viejo como el muy anciano.

328. Dios a enviado profetas, pero no oyen, o si oyen, no paran, siguen andando.

329. La verdad, está pereciendo; porque dice la palabra de Dios: A lo malo llamarán bueno y a lo bueno: No, eso no es así, ahora dicen: ¡Es que antes eran unos extremistas! Sí, algunos, no todos; escudriñad, recordar, porque hay cosas que estamos haciendo ahora, que nos están siendo de maldición. Porque se perderán como granitos de arena que hay en el mar dice la palabra (La Biblia). Volvamos a la senda antigua, volvamos a donde el Espíritu Santo quiere, para ver a Dios manifestarse entre nosotros.

Jeremías 7: 28 dice: Les dirás, por tanto: Ésta es la nación que no escuchó la voz de Jehová su Dios, ni admitió corrección; pereció la verdad, y de la boca de ellos fue cortada.

330. Han cantado "reggaetón" con su danzas dentro de la casa de Jehová, cuando solamente hay una danza que edifica y construye, es la del Espíritu Santo de Dios; no nuestra conciencia, pero ahora dicen: ¡Es que la música la creó Dios! Dice la palabra de Dios en, *Mateo 24: 11 Y muchos falsos profetas se levantarán, y engañarán a muchos;*

Jeremías 7: 30 dice: Porque los hijos de Judá han hecho lo malo ante mis ojos, dice Jehová; pusieron sus abominaciones en la casa sobre la cual fue invocado mi nombre, amancillándola.

331. Cantantes cristianos ilustres, personas altas en la fama, desviados del camino de Dios, esto es lo que sucederá; se levantarán.

Jeremías 8: 4 dice: Les dirás asimismo: Así ha dicho Jehová: El que cae, ¿no se levanta? El que se desvía, ¿no vuelve al camino?

332. Han perdido la sabiduría. En una ocasión, un cantante cristiano, con una voz muy bonita dijo: Yo no voy a cantar para dos o tres, hasta que no se llene el coliseo: cuando cantó, no se movió ni una hoja del árbol, a causa de su orgullo, de su altivez; se levantó una humilde mujer, llena del Espíritu Santo de Dios, agarró el micrófono, y dijo: Con todo el respeto de todos los que están aquí presente, pero el Espíritu Santo de Dios me ha pedido que cante la misma canción. Cuando comenzó a cantar, se movió un viento, una brisa dentro de aquel lugar, y se lleno del gran poder que Dios tiene. El campo que era para aquel cantante, ella lo conquistó, Dios se lo dio, y lo conquisto por medio del Espíritu Santo; para gloria de Dios.

Jeremías 8: 9 dice: Los sabios se avergonzaron, se espantaron y fueron consternados; he aquí que aborrecieron la palabra de Jehová; ¿y qué sabiduría tienen?

333. (13 de noviembre 2008) Hoy en día quieren, los que no obedecen al Señor Jesús, predicar sobre: Va venir mejor economía, bendiciones y paz; curar al pueblo con liviandad, pero la realidad es, que Jesús dijo: *(Lucas 9: 23) Y decía a todos: Si alguno quiere venir en pos de mí, niéguese a sí mismo, tome su cruz cada día, y sígame.* ¡Quiere decir!, que hay que meterse con Dios fuertemente en ayuno, oración, palabra; y no importando lo que suceda, sin dinero, o con dinero, serle fiel y esperar en él. Porque también dijo Jesús: *Mirad las aves del cielo, que no siembran, ni siegan, ni recogen en graneros; y vuestro Padre celestial las alimenta. ¿No valéis vosotros mucho más que ellas? Mateo 6: 26*

Jeremías 8: 11 dice: Y curaron la herida de la hija de mi pueblo con liviandad, diciendo: Paz, paz; y no hay paz.

334. De que vale tanto sacrificio, de ir todos los días al templo, de hacer muchos dramas, y muchas otras cosas más; el sacrificio

que Dios quiere es la obediencia, que aunque nuestra pareja nos trate mal, permanezcamos filmes.

335. En los tiempos antiguos, el pueblo de Israel cuando le era fiel a Dios, a Jehová, ganaban las guerras, no pagaban contribuciones, y tenían sus riquezas.

Jeremías 12: 1 dice: Justo eres tú, oh Jehová, para que yo dispute contigo; sin embargo, alegaré mi causa ante ti. ¿Por qué es prosperado el camino de los impíos, y tienen bien todos los que se portan deslealmente?

336. (26 de octubre de 2011) Ahora tenemos que ser probados, para ser prosperados.

337. Jehová, ten misericordia de nosotros.

Jeremías 14: 21 dice: Por amor de tu nombre no nos deseches, ni deshonres tu glorioso trono; acuérdate, no invalides tu pacto con nosotros.

338. ¡Desafío! Para las imágenes, ídolos, estatuas, dioses.

Jeremías 14: 22 dice: ¿Hay entre los ídolos de las naciones quien haga llover? ¿y darán los cielos

lluvias? ¿No eres tú, Jehová, nuestro Dios? En ti,
pues, esperamos, pues tú hiciste todas estas cosas.

339. Dios trabajó seis días y reposó el día
séptimo; Si Dios descansó un día, nosotros
no somos más que él para trabajar todos los
días de la semana. Ya todos los que tienen
negocios, los abren siete días; si sacaran
cálculos entre las personas que van todos
esos días, entre los siete días; descubrirían
que si cierran un día gastarían muchísimo
menos; ¡probadlo! Dedícale a Dios ese día
y prosperará tu negocio, tu matrimonio,
en fin, todo. Probad esto también; ¿El ser
humano, no se adapta a cada situación?
Ejemplo: Si abres tres días tu negocio, ¿No
se adaptaría a que tiene que ir dentro de
esos tres días? Gastarías menos luz, menos
agua u otros.

Génesis 2: 2 dice: y acabó Dios en el día séptimo
la obra que hizo; y reposó el día séptimo de toda
la obra que hizo.

340. Al cumplirse las palabras de Jehová, las
personas entienden que Dios sí habló
por medio de profetas, y entienden que
sí, había profeta entre ellos; pero muchos
razonan tarde.

PARTE 2

1. Debe ser todos los días, sacrificar nuestros cuerpos, nuestras mentes, nuestros corazones y alabanzas a Jehová.

   Jeremías 33: 18 dice: Ni a los sacerdotes y levitas faltará varón que delante de mí ofrezca holocausto y encienda ofrenda, y que haga sacrificios todos los días.

2. Jehová dice: ¿Por qué hacéis tan grande mal contra vosotros mismos? La iglesia siempre ha dicho: No a la cerveza, el mundo dice si a ella; ellos mismos se hacen mal, tienen la barriga hinchada, y es llena de cerveza, dañándose órganos del cuerpo. Jehová no quiere mal para vosotros; ellos mismos se deshonran.

3. Dios mismo ha puesto la ley delante de nosotros para que nos vaya bien, por no seguir la ley de Jehová nos va mal.

   Jeremías 44: 10 dice: No se han humillado hasta el día de hoy, ni han tenido temor, ni han caminado en mi ley ni en mis estatutos, los cuales puse delante de vosotros y delante de vuestros padres.

4. Tan solo una palabra con risa, o de burla, hacia un ungido de Jehová, o siervo del Dios altísimo, él que lo hizo será castigado.

5. Así hay muchos, que quieren ser como algún artista o cantante famoso, imitarlo; a otros, los vemos con orgullo "guille", pero, se engañan ellos mismos; porque muchos, su corazón está roto, porque no logran ser. Me gustó el titulo de un libro que decía: "La Imitación, es Limitación" de John Mason.

   Abdías 1: 3 dice: La soberbia de tu corazón te ha engañado, tú que moras en las hendiduras de las peñas, en tu altísima morada; que dices en tu corazón: ¿Quién me derribará a tierra?

6. Los usuarios de drogas, muchos de ellos son apartados de Jehová ¡Y qué mucho los devoran y los rechazan! Y aquí mismo en la palabra de Dios habla sobre el castigo que le toca a aquellos que abusan de los que se apartan del Señor Jesús. Babilonia abusó de los israelitas, pueblo que se apartó de Dios. Abusadores, pecan contra Jehová.

7. Si notamos, aquellos hombres o mujeres que abusaron de la confianza de su pareja,

cometiendo adulterio "Mirando para el lado" o no queriéndole mucho; cuando se separan y se unen a otra pareja, él, o la que abusó, sufrirá lo mismo que hizo.

8. Cuidémonos de codiciar "Desear" a la mujer de nuestro prójimo "cuñado, hermano, compañero de trabajo u otros"; igual la mujer, cuídese también de codiciar. También si estamos casado, no codiciemos a ninguna; las mujeres, no codicien a ningún hombre; porque llegaras a tu fin, y con la misma medida que codiciasteis, te codiciarán tu pareja.

   Jeremías 51: 13 dice: Tú, la que moras entre muchas aguas, rica en tesoros, ha venido tu fin, la medida de tu codicia. Deuteronomio 5: 21 dice: No codiciarás la mujer de tu prójimo, ni desearás la casa de tu prójimo, ni su tierra, ni su siervo, si su sierva, ni su buey, ni su asno, ni cosa alguna de tu prójimo.

9. Los ricos, los famosos, mucha gente le conoce, y a los pobres poco les prestan atención. En el libro de *2 Reyes 25: 11-12*, si prestamos atención, leemos, que se llevaron cautivos a los príncipes y ricos, y

dejaron a los pobres en su tierra para que la trabajaran.

10. Los que se apartan de Jehová, todos los que les honraban, ahora los menosprecian, porque vieron su vergüenza.

Lamentaciones 1: 8 dice: Pecado cometió Jerusalén, por lo cual ella ha sido removida; todos los que la honraban la han menospreciado, porque vieron su vergüenza; y ella suspira, y se vuelve atrás.

11. Los que se apartaron lloran, porque se alejó el consolador, que da reposo a nuestra alma, sus hijos son destruidos.

Lamentaciones 1: 16 dice: Por esta causa lloro; mis ojos, mis ojos fluyen aguas, porque se alejó de mi el consolador que dé reposo a mi alma; mis hijos son destruidos, porque el enemigo prevaleció.

12. A los que se apartaron de Jehová, volved al consolador, porque muchos son sus suspiros, y sus corazones están adoloridos. Amén.

Lamentaciones 1: 22 dice: Venga delante de ti toda su maldad, y haz con ellos como hiciste

*conmigo por todas mis rebeliones; porque muchos
son mis suspiros, y mi corazón está adolorido.*

13. Jehová da el pago a aquellos que me
    bromeaban, me decían malos nombres;
    Dios los quebranta.

    *Lamentaciones 3: 64 dice: Dales el pago, oh
    Jehová, según la obra de su mano.*

14. Nosotros los seres humanos, no somos más
    que Dios; necesitamos un día de descanso.
    En una ocasión, se molió mi cuerpo por
    trabajar todos los días, los siete días de
    la semana; todavía estoy sufriendo las
    consecuencia, al menos que Dios haga un
    milagro total.

15. Para poder discernir entre lo inmundo,
    lo profano, lo bueno y lo malo; hay que
    estar sobrios, velando en ayuno, oración,
    la palabra y la fidelidad a Dios.

16. La mayoría de los jóvenes, se enamoran
    de lo bonito que hay por fuera; pero lo de
    adentro, contamina.

17. Muchos traen a memoria toda la maldad
    que hicieron en su juventud, y en vez de

mejorar, lo que hacen es empeorar. El hombre en su juventud, que quería un reloj de oro, una cadenita, pulsera, pero no podía tenerlas; más cuando entraron en la vejez, viéndose con dinero, entraron en la vanidad. Otros, no tomaban bebidas alcohólicas, ni fumaban, porque no se lo permitían; mas cuando entraron en la adultez, lo hicieron, empeorando su maldad. La mujer en su juventud, hermosas, vistiendo provocativa; ahora en su vejez, aumentaron su maldad.

Ezequiel 23: 19 dice: Aun multiplicó sus fornicaciones, trayendo en memoria los días de su juventud, en los cuales había fornicado en la tierra de Egipto.

18. El enamorarse del mundo, o de las cosas que hay en él, son bonitas por fuera; pero cuando caemos en ellas, nos dañamos.

19. Todo lo bonito del mundo, si nos juntamos, si nos contaminamos, si lo adoptamos para nosotros; el mismo vendrá contra nosotros mismos.

20. Cuando le somos fiel a Dios, dondequiera que estemos, nadie podrá hallar mal en

nosotros; porque es fiel en el trabajo, con la esposa y en todo.

21. Las cosas que no hemos podido parpar, o no hemos podido tener, al tenerlas se convierten en vanidad; el auto de mas costo en el mundo, condúcelo un cierto tiempo, y ya no te va a interesar tanto como antes de haberlo obtenido, o quizás ya no lo quieras, y quieras uno mejor que ese. Todo es vanidad.

22. En todo lo que vemos y para todo, hay matemáticas y cálculos.

23. Casi todo es lo mismo; quiero decir, un televisor grande y uno pequeño, las piezas son la mismas, pero diminutas. Si sabes administrar diez dólares, sabrás hacerlo también con diez mil.

24. Un prototipo de un proyecto, es un borrador en un papel, para escribirlo después más bonito.

Evitar gastos de tiempo y dinero

25. Cada cambio que se haga en una casa, hacer cambios en el plano; grados, pies,

pulgadas, para poder encontrar con exactitud, la tubería, cables, dentro de la pared.

26. Si algún daño hay, o una avería; primero: Se busca exactamente donde está la avería "problema"; segundo: Se escribe, o apuntas en una lista, de exactamente los materiales que se deben comprar, y como exactamente se debe arreglar el problema; tercero: se compran todos, sin faltar uno; cuarto: se comienza el proceso, quitar "romper" y después montar, unir, reconstruir.

27. No hay mucho tiempo en la vida para leer todos los libros; así que pidamos a Dios, que por medio del Espíritu Santo, nos presente, nos diga, cuales son los libros, que necesitamos leer, para aprovechar por completo nuestras vidas. El primer libro, y el más importante del mundo, es, será, la biblia; siempre, leerla todos los días, y releerla, quiero decir, que aunque la termine, volverla a leer, ¿Porqué? Veremos los resultados; para poder entenderla, antes de leerla, pedirle entendimiento de ella a Dios y a su Santo Espíritu. Amén

28. El que no trabaja para la obra del Señor Jesús, trabajará para sí mismo, y se cansará muchísimo más.

29. Las excusas en el trabajo no pueden ser muchas, porque te despiden, te votan; en la universidad, tampoco, porque te cuelgas, si no repones, pierdes clases; menos excusas deben haber para ir al templo, para Dios, y para hacer sus obras. Dice la palabra de Dios: …; *pero al que no tiene, aun lo que tiene le será quitado. (Mateo 13: 12)*

30. La fe en Jesús, nos llevará también a lograr el éxito, a alcanzar metas: Estudios universitarios, superior, o líder en la empresa en que trabajamos, y a todo lo que nos proponemos hacer.

31. Tratar siempre de hacer todo lo más perfecto posible; escribir, dibujar, practicar, ensayar, todo lo que queramos hacer, pero, todo sea para la gloria de Dios.

32. Nuestro corazón no vaya detrás de las añadiduras, haced lo de Jehová primero; dedicarle todo el tiempo que uno deba darle, que el Espíritu Santo nos dirá cuando termina ese tiempo; dedicarle y

meterle casco a las cosas de Jehová, para bien, y habrá tiempo para las añadidura.

Mateo 6: 33 dice: Mas buscad primeramente el reino de Dios y su justicia, y todas estas cosas os serán añadidas.

33. Llevar lápiz y papel, o libreta en mano, para copiar todo lo que el Espíritu Santo diga, principalmente al templo; pero grabarlo primeramente y para siempre, en nuestro corazón, ¿Cómo? haciéndolo práctico en nuestras vidas, como un consejo a seguir.

34. Tus conocimientos, nos darás a conocer, si te amamos verdaderamente, Jehová.

35. A veces, los que amamos a Jehová, los que queremos amar cada día más, a Dios; no solamente tememos que aguantar vituperios, enojos contra nosotros, por parte de nuestros compañeros de trabajo u otros, que son relaciones insignificantes, o sea, de los que no conocemos; sino que tenemos que aprender, a aguantar presión, de los de uno mismo, de nuestra pareja, madre, padre, hijos; relaciones significativas.

36. No confíe yo, en nadie, y le muestre mis tesoros, mi dinero, y todo lo que tengo. No se enorgullezca mi corazón con lo que Dios me ha dado, y lo que él quisiera darme y me dará. Escrito hoy septiembre 28, 2008. *(2 Reyes 20: 12-18 dice: …)*

37. He visto personas no escuchar, ni comprender, lo que la otra persona le quiere decir, y siente en el corazón; y he visto la que no escuchó, ni comprendió pasar lo que pasó la otra persona. Cuando una persona le hable con el corazón escúchela, compréndala, y busque porque está en el corazón de esa persona, esa situación o problema.

38. La emoción puede dañar algo, o dejar que se pierdan muchas cosas. Algunos científicos encuentran algo, y se emocionan, se ciegan, se afanan, se llenan de avaricia, en vez de tranquilizarse, y dejar que la mente atrape cosas diferentes; por la avaricia solamente tienen teorías, por la avaricia, solamente han visto, pero no han podido llegar.

39. Identificar, comparar, donde están las igualdades. Español: Algo malo = negativo, algo bueno = positivo; matemáticas: suma

y resta; algo bueno, positivo suman la vida; algo malo, o negativo, o también cosas malas que hagas, resta la vida.

40. Cuando no entiendas algo que estás mirando, o algún ejercicio de una clase; detente, y espera que el Espíritu Santo de Dios, te diga.

41. Cuando se va a aprender algo, se trate de aprender completo y exacto; igual para leer, Alexander Graham Bell = completo, Alexander Graham = incompleto.

Sea el nombre de Dios glorificado.

42. La mente abierta a veces suele ser un problema, todo lo que llega, lo quiere expulsar. La mente abierta es buena, pero hay que tener control, cortar lo que no hace bien.

43. ¿Porqué es difícil que un rico entre al reino de los cielos dice la biblia? Porque en su aflicción, en su tristeza, no busca a Dios, sino que busca lo que puede comprar con sus riquezas para deleitarse, para levantar el ánimo; cuando enferman de muerte, buscan y pagan por los mejores médicos;

mientras que el pobre, su deleite está en Cristo, y el que no está Cristo, su deleite es temporero y lo demás es aflicción.

44. El rey David, el rey Salomón, se despojaban, se olvidaban de que eran reyes y de sus riquezas, para deleitarse, gozarse en Jehová, Rey de reyes; y retirarse para él; por eso permanecieron para siempre.

45. Masa de higos, sobre una llaga.

46. Lo que el Espíritu Santo diga, hacedlo en obediencia; clamar a Jehová, y será hecho.

Gloria sea el nombre de Jehová.

47. Además de hacernos recordar la palabra de Dios, el Espíritu Santo también nos puede ayudar a recordar para un examen de la escuela o universidad.

48. La geometría, la tecnología como: Motores eléctricos, computadoras, en fin todo; para entenderlo, es ver de dónde vino, y cuáles fueron sus principios. Rectángulo: La unión de dos cuadrados. Electroimán: Imán artificial que consta de un núcleo de hierro dulce rodeado por un bobina.

(Rodeado de un cable de bronce por la que pasa una corriente eléctrica).

49. Todo lo que tenemos frente a nuestra vista, es una figura geométrica; sea pequeña, como grande, mitades de una, la unión de una o varias, la separación, alargada, ensanchada, o angosta.

50. Una hoja en un microscopio, lo que podemos ver, se puede usar para la construcción de: pasadizos, pasillos y tuberías para transportar líquidos.

51. No pidamos discernimiento, ni señales; si vemos la necesidad y tenemos, demos.

52. No se visite a una pareja de noche, no sea que estén en ropa de dormir. Cuando se va a visitar, sea temprano.

53. No visite uno solo, sino que sean dos; no sea que solamente haiga una sola persona en la casa.

54. ¿Te cae el sueño cuando oras de rodillas, porque quizás estás cansado(a)? Ora de pie cada vez que te pase, ora a Dios que quite el sueño.

55. El porqué de la decaída espiritual: Falta de ayuno, el faltar al templo más de un día sabiendo Dios se puede hacer el esfuerzo; un día nada más, es como si hubiera faltado mil, para el que verdaderamente quiere y ama a Jehová. También la falta de obediencia a Dios.

56. Busca siempre lo mejor, también, informaciones correctas, y profundas; donde estudiar: La mejor universidad; ir al médico: Especialistas, Dios provee. Dios se encargará de lo más difícil.

57. Si tienes sueño y vas a orar, no busque lo cómodo, busca lo incomodo; y si tienes frío no te arropes.

58. Con lo básico, se puede componer, y crear algo. Los colores: Amarillo con rojo, hacen anaranjado; música: Guitarra, la escala de DO con la de FA. Creando cosas bonitas.

59. Hay cosas en el día que no están en la voluntad de Dios, y se quedan sin hacer.

60. Mi padre, Juan A. Pagán Pabón siempre me dijo: Escribe y lee, siempre y cuando haiga buena luz.

61. Todo en el mundo conlleva a una sola cosa. Para entender, primero tienes que pedir que Dios esté en lo más profundo de nuestro corazón, que lo secreto es de Dios, y lo revelado al hombre; no pidamos más allá de lo que Dios nos revela, porque sería secreto. Parábola, con lo real. Ejemplos básicos: Maquinas hidráulicas con el cuerpo humano; corazón-motor, venas-mangas, músculos-botellas hidráulicas.

62. No trates de encontrarle cinco patas al gato, deja que el Espíritu Santo te revele lo que él quiere.

63. Los niños estudian, hacen su asignaciones escolares; pero a la hora de jugar, se toman su tiempo y se olvidan de todo por ese momento, y al llegar a clase, se recuerdan de lo que estudiaron y de sus asignaciones. Seamos como los niños, no nos preocupemos por lo antes y después, pongámoslo en las manos de Dios.

Una historia

64. Se va a su cuarto, cuenta todo el dinero que su padre le dio, recoge su ropa y llena una maleta; se va a la universidad,

por allá se hospeda; gastó el dinero en piezas para modificar su auto y conocer chicas. Cuando todo lo malgastó, cuando se le acabó la gasolina de su auto, cuando tampoco tenía para comer, se arrimó a la casa del que tenía muchas riquezas, entre ellas muchos autos; deseaba llenar su boca hablando de las riquezas y de los autos con el dueño de la casa, pero nadie le hablaba, ni le hacían caso alguno; el de la casa le dijo: Vete, vende todo lo que tienes y las piezas que compraste para tu auto.

Volviendo en sí, dijo: Cuantos obreros, trabajadores hay en la casa de mi Dios, que tienen abundancia, abundancia de la palabra de Jehová, y yo aquí perezco de ella. Me levantaré he iré a mi Dios, y le diré: Dios he pecado contra ti, ya no soy digno de tus riquezas; me humillaré ante ti.

Dios en su misericordia, correrá hacia ti, te abrasará y te besará; Dios dijo a sus siervos: Traer el mejor banquete y ubíquenlo en la mesa para mi hijo, denle la mejor casa, el mejor auto; dijo Dios: Este es mi hijo amado que se había extraviado, gastó todo lo que le di, en autos, mujeres, ya no estudiaba mi palabra, ya no se retiraba a hablar conmigo, ni ayunaba junto a mi; pero ahora es hallado, se ha arrepentido.

65. Los hermanos que estamos en el templo hace mucho tiempo, viendo que ese llegó ahora, y Dios le hace una fiesta; nos enojamos, y no queremos ni verlo. Pero nuestro Señor Jesús, Dios, él nos ruega en su infinita misericordia, que entremos, y gocemos con nuestro hermano en Cristo, Dios nos dice: Hijos, ustedes siempre están conmigo, y todas mis cosas son suyas.

66. Cosas innecesarias que quitan tiempo, tiempo que se puede utilizar o considerar para lo necesario; novelas de televisión. Juzgue usted, que otras cosas.

67. Jehová castigó a su pueblo mucho tiempo, setenta años *(Daniel 9: 2, Jeremías 29:10)*. El niño, o grande, cuando se portare mal, necesita un buen castigo, para que se recuerde, que hay portarse bien, la próxima vez. Castigar justamente *(Jeremías 30: 11)*.

68. Todo proyecto que se va hacer, buscar información profunda sobre el tema, todo a lo que nos emprendamos hacerlo bien.

69. Todo se puede obtener; poco a poco, y pedazo a pedazo.

70. ¿Qué cosas necesarias debemos tener en nuestra vida secular? Estudiar, trabajo, casa y un buen auto para movernos. Y hay de los que no tienen mucho estudio, y son ricos adinerados.

71. Algunas plantas necesitan especial cuidado en lo que crecen; si el cuidado es regarle agua todos los días, y te toma varios minutos, esos minutos serle fieles, hasta que ellas crezcan.

72. Lo que se aprenda en clase, al regresar a casa, abrir el libro de la mente y repasar, sea escrito o verbal.

73. El tiempo de los hijos, el tiempo de la esposa(o); cada tiempo, hay que aprovecharlo al máximo.

74. Si caminas en circulo en un pedazo de lugar te mareas; pero si caminas en ocho, no pasará.

75. ¡Mire mi hermano, usted sabe lo que es, que en estos tiempo que estamos, tan

fuertes en presiones, se le muera un hijo, a un pastor; pero, todavía sigue caminando en el Señor! No estamos viviendo días fáciles.

76. A los débiles, el enemigo hizo caer; a los fuertes, todavía el enemigo está haciendo fuerza, y algunos, de su boca sale, que sienten caer. ¿Quién está a salvo hoy día? Solo aquel que ponga su confianza en Él.

77. El dolor viene, y muchas veces en grande; pero se va, porque no durará para siempre.

78. La amistad es bonita, el noviazgo es bonito; pero el matrimonio, es para perfeccionar los dos corazones, y las dos formas de pensar; pero, solo a aquellos, que se propongan a esperar, y persistir juntos, con Dios. ....; *porque separados de mi nada podéis hacer (dice Jehová). (Juan 15: 5)*

79. Que fácil, mientras los niños están tranquilos; pero que tal cuando están revolcados, persistirás tú, en la reunión de los adultos, donde hay palabra que llena tu corazón.

80. Cuando soltamos la lengua, muchos labios caen sobre uno; pero labios, callad, porque el único que tiene derecho, es Dios.

81. La iglesia a veces, no prestamos atención, nos envolvemos, en actividades, en dramas; en la rutina diaria, el trabajo, el ajoro; se va el primer amor, ya no hay anhelo de intimidad con Dios, se pierde.

82. Tengamos cuidado con la confianza, con nuestros compañeros en el trabajo.

83. Muchas veces, cuando se está ajorado, no escuchamos a nuestros hijos, ni prestamos atención a nuestra pareja; obsérvalos, trata de comprenderlos, oír que es lo que ellos quieren, llegar a un acuerdo. *Respondiendo Jesús, le dijo: Marta, Marta, afanada y turbada estás con muchas cosas. (Lucas 10: 41)*

84. He visto la gloria de Dios manifestarse, el Espíritu Santo de Dios llenar mi boca, porque dice la palabra 'la biblia': ...; *abre tu boca, y yo la llenaré (Salmo 81: 10)*. Esto sucederá, siempre y cuando ayunemos, oremos, leamos la palabra. Amén.

85. Estamos en la gracia de Jesús; Judas dijo: ...,
    hombres impíos, que convierten en libertinaje la
    gracia de nuestro Dios,... (Judas 1: 4)

    Porque estemos en la gracia, no se nos
    olvide el ayuno, la oración y la palabra.
    Esforcémonos antes de que vengan los días
    malos.

86. Cubiertas de mentira, bromitas no blancas
    y de otros colores, orgullosos; Que se
    apartan para descender al mundo, para
    fortalecerse con la fuerza de la mentira, con
    nuestra propia opinión, y no en la de Cristo;
    ponen su confianza, su esperanza en las
    cosas materiales del mundo, buscando el
    dinero que necesitamos en lugares donde
    el Señor no quiere que estemos. Pero la
    fuerza que busquemos del mundo, se os
    cambiará en vergüenza.

    No nos movamos fuera de la voluntad
    de Jehová, en mentiras, en "hobbies" donde
    se malgasta el dinero habiendo necesidad.

    Todo a lo cual te has apoyado, le dirás:
    ¡Sal fuera!, trapo asqueroso. Si hacemos las
    cosas de acuerdo a la voluntad de Jehová,

esperando en él, nuestras cargas se irán, "prestamos, pagos, y otras. *Leer Isaías 30.*

87. El avaro, aquellos que se aprovechan de los pobres, nunca más aprovecharán. Vienen días en que Dios castigará, tanto al rico como al pobre, por su soberbia, por su orgullo, su altivez.

Esto es lo que está sucediendo hoy día; los ricos les roban a los pobres; haciendo que paguen más por la luz eléctrica con engaños, también con el agua de acueductos, y otros con otras formas de engaños.

Mantengámonos nosotros, pensando en decir la verdad siempre; si le preguntan si tiene gotera una de las tuberías de su casa o negocio, y la tiene, diga sí; no mintamos pensando, lo hago porque sino la factura va a venir sobregirada. El que se mantenga en la verdad, por la verdad, Dios lo exaltará y lo bendecirá. *Lea Isaías 32.*

88. El temor de Jehová será nuestro tesoro. Se enlutó, enfermó la tierra, todo se irá hacia abajo; países, naciones, negocios, tanto grandes, como pequeños. Lemhan Brothers,

uno de los bancos del "wallstreet" en Estados Unidos, declarado en bancarrota. Muchas de las ayudas vienen de Estados Unidos, como la ayuda del pan o cupones.

Quienes son los que están cerca, nosotros, la iglesia, conoced su poder.

Los pecadores se asombrarán en los templos, espanto sobrecogió a los hipócritas; hay hipócritas dentro de los templos, aquellos que vienen, solamente para dar la cara al pastor, y para que los vean que vienen a un templo; son hipócritas con Jehová, no vienen por amor a Jehová; al templo hay que venir a adorar al Señor, con todo nuestro corazón, no de hipocresía.

El que camina en justicia, el que hable lo recto; en este, Dios se glorificará. Este entrará en la nueva Jerusalén, nuestro refugio será el Dios de Israel. No será el gobernador Aníbal Acevedo Vilá, ni Fortuño, ni el otro; ni el color verde, ni el rojo, ni azul. No pongamos nuestra confianza en ellos, sea en Dios. Tengamos cuidado con lo que decimos: Yo voy a votar por fulano o por este; porque ese sí, ese sí que nos va a sacar de esto.

En estos tiempos, cada vez se hace más fuerte. Hermanos, seamos valientes; ayunemos, mantengámonos en oración, y comamos del pan de Dios todos los días, que es la biblia, su palabra, para recordarnos de las cosas rectas que hay que hacer delante de Jehová. Fidelidad. *Lee Isaías 33.*

Nota: Señor Jesús, que excusa hay en el día en que tu vengas, ninguna hay para los que se queden. Te amo Jehová, ten misericordia de mi.

89. Cuando empezamos con bromitas frescas, cuando empezamos a dejar la vista irse detrás de la hermosura de otra mujer, estando nosotros comprometidos, o mujeres irse detrás de otro hombre, cuando comenzamos a decir mentiritas blancas; comienza la destrucción, comienza la decadencia moral y espiritual. (Santo)

90. Obtendremos más de Dios, cuando nosotros hagamos más.

91. Pedimos, pero somos vagos para buscar, así pues, ¿cómo hallareis? Le pedimos un trabajo ¡El nos lo va dar! Pero si no nos movemos, si no te esfuerzas y pones

manos a la obra y dices: Voy a hacer como cincuenta resume y voy a ir hasta el fin del mundo si es necesario, hasta que los entregue todo. ¿Cómo vas a hallar? Dios verá tu esfuerzo, y te lo dará.

Esta incluido también otras cosas que quieres alcanzar en la vida, como: Cantar, tocar un instrumento, estudiar computadora, ingeniería eléctrica o mecánica y otros.

Lucas 11: 9 dice: Y yo os digo (Jesús): Pedid, y se os dará; buscad, y hallaréis; llamad, y se os abrirá.

92. Que mal uno se siente, cuando queremos saludar a alguien, y esa persona nos ignora "nos pichea"; así se siente Jehová, cuando le haces lo mismo.

Lucas 12: 9 dice: Mas el que me negare delante de los hombres, será negado delante de los ángeles de Dios.

93. Ni aun con todo el dinero que tenia, se compró un lamborghini.

Lucas 12: 27 dice: Considerad los lirios, como crecen; no trabajan, ni hilan; más os digo, que ni aun salomón con toda su gloria se vistió como uno de ellos.

94. Lo que me ha sido añadido, es porque he buscado primero, el reino de Dios y su justicia; su verdad, decir la verdad y no buscar otras mujeres.

Lucas 12: 31 dice: Mas buscad el reino de Dios, y todas estas cosas os serán añadidas.

95. A veces el afán, hace que dejemos de velar; nos vamos para una pista de carreras "la fiebre", comienza la adrenalina, se nos va de la mente que existe Dios, y hablamos incoherencias.

Lucas 12: 37 dice: Bienaventurados aquellos siervos a los cuales su señor, cuando venga, halle velando; de cierto os digo que se ceñirá, y hará que se sienten a la mesa, y vendrá a servirles.

96. Dije yo: Puede ser que el Señor todavía no venga, y me dé tiempo de hacer lo que estoy haciendo, y después de ese tiempo, viniendo yo arrepentido, Dios tenga

misericordia y me salve; pero no, velad dice el Señor y mantenerse fiel.

Lucas 12: 46 dice: Vendrá el Señor de aquel siervo en día que éste no espera, y a la hora que no sabe, y le castigará duramente, y le pondrá con los infieles.

97. Somos pequeños, pero en Cristo, nos hacemos líderes.

98. ¿Por qué es estrecha la puerta? Porque vienen tentaciones, también momentos difíciles; pero sin Dios, nada podéis hacer.

Lucas 13: 24 dice: Esforzaos a entrar por la puerta angosta; porque os digo que muchos procurarán entrar, y no podrán.

99. Llevo años en la iglesia, y de los que están comenzando ahora, muchos de ellos serán primeros que yo; o los que no conocen a Dios, y se arrepintieron de las cosas malas que hicieron, también muchos serán primero.

Lucas 13: 30 dice: Y he aquí, hay postreros que serán primeros, y primeros que serán postreros.

100. El menos que uno cree, le da gracias a Dios.

Lucas 17: 16 dice: Y se postró rostro en tierra a sus pies, dándole gracias; y éste era samaritano.

101. Ya casi no oramos, por la rutina de trabajo, ya casi no sacamos tiempo para el Señor Jesús; oramos y nos dormimos, oramos, y hay cosas y pensamientos que no nos dejan orar; pero no desmayemos, significa que Cristo viene pronto.

Lucas 18: 8 dice: Os digo que pronto les hará justicia. Pero cuando venga el Hijo del Hombre, ¿Hallará fe en la tierra?

102. A todos Dios nos dio algún don, está en nosotros llevar ese don lo más alto posible, y proponernos llegar a esa meta. Mi hermano tiene el don de componer letra musical. Le pregunté un día: ¿Cómo vas? Él me dijo: Me llamaron para que presente lo mejor que escribí al dueño de una de las disqueras más famosas en Puerto Rico; ¿Quién lo llamó? El mismo dueño y productor, personalmente.

Mateo 25: 21 dice: Y su señor le dijo: Bien, buen siervo y fiel; sobre poco has sido fiel, sobre mucho te pondré; entra en el gozo de tu señor.

103. A veces vienen con tanta altanería, haciendo preguntas como los más que saben, y cuando le preguntamos a ver si saben, no saben nada, entonces les contestamos como este versículo: *Lucas 20: 8 dice: Entonces Jesús les dijo: Yo tampoco os diré con qué autoridad hago estas cosas.*

104. Jesús es el hijo amado, viene a ser cabeza del ángulo; por tanto cuando le hacían las preguntas, eran quebrantados, más cuando él les contestaba, eran desmenuzados, aún más...

Lucas 20: 18 dice: Todo el que cayere sobre aquella piedra, será quebrantado; mas sobre quién ella cayere, le desmenuzará.

105. Cuando cobramos, pensamos: ¡Bueno! Hay que hacerle el cambio aceite y filtro al carro ¡Oye! Déjame comprar algo para que se vea más bonito ¡Espera! También unas alfombras que le hace falta, ¡la casa! Se verá muy bonita con una mesa central, o unos cuadros en la sala. Cuando contamos, nos sobraron $2.35; a la hora de la ofrenda decimos ¡Wao! Déjame echar $1.00, y me quedo con $1.35 por si acaso. Damos de lo que nos sobra ¿Porqué? Porque no mejor

hacemos esto; cuando cobremos, miramos lo que tenemos, y si cobré $500.00: Déjame sacar el diezmo primero, ahora vamos a pensar en la ofrenda, esta semana, quiero dar $20.00; la otra semana cobramos y decimos, hoy quiero darlo todo. Pensar primero en las cosas del Señor, es buscad primero el reino de Dios y su justicia, y todo, os vendrá por añadidura.

Lucas 21: 4 dice: Porque todos aquellos echaron para las ofrendas de Dios de lo que les sobra; más ésta, de su pobreza echó todo el sustento que tenía.

106. Señor ayúdame, no permitas que mi corazón se cargue de estas cosas, y de afanes, por favor.

Lucas 21: 34 dice: Mirad también por vosotros mismos, que vuestros corazones no se carguen de glotonería y embriaguez y de los afanes de esta vida, y venga de repente sobre vosotros aquel día.

107. A veces, o en algún día o momento, viene una gran tentación en la cual no queremos caer y el alma llora con todo el corazón, rogando y pidiéndole al Señor: ¡No me dejes caer, ayúdame por favor! Canté esta canción: "Nada te turbe" de Samuel Hernández.

Lucas 22: 44 dice: y estando en agonía, oraba más intensamente; y era su sudor como grandes gotas de sangre que caía hasta la tierra.

108. ¿No es necesario que padezcamos muchas cosas, para hacernos más fuertes, con las situaciones de la vida; para luego obtener nuestra recompensa, y tener también más sabiduría? De que vale tener dinero y no saber usarlo. Imagínate que tú comprendas a tu esposa, y ella no te comprenda a ti, o viceversa; pues primero tenemos que padecer mucho, juntos.

Lucas 24: 26 dice: ¿No era necesario que el Cristo padeciera estas cosas, y que entrara en su gloria?

109. Tengamos cuidado que no nos dejemos caer muchas veces en el pecado y digamos: Esta vez saldré a buscar a Dios como las otras veces; No sea que cuando lo busques, él se halla apartado de ti, y no lo encuentres, entonces lloraras, quizás para siempre.

Jueces 16: 20 dice: y le dijo: ¡Sansón, los filisteos sobre ti! Y luego que despertó él de su sueño, se dijo: Esta vez saldré como las otras y me escaparé. Pero él no sabía que Jehová ya se había apartado de él.

110. Me imagino lo mucho que gritó, y lloró Sansón cuando le sacaron los ojos; así también grita y llora nuestra alma, por las consecuencias de la desobediencia y el pecado.

Jueces 16: 21 dice: Mas los filisteos le echaron mano, y le sacaron los ojos, y le llevaron a Gaza; y le ataron con cadenas para que moliese en la cárcel.

111. Jesús no le llamó madre, a María; le llamó: Mujer.

Juan 2: 4 dice: Jesús le dijo: ¿Qué tienes conmigo, mujer? Aún no ha venido mi hora.

112. Hay un versículo en la biblia, en el viejo testamento, donde dice: (Resumido en mis palabras) Y enseñaras estas cosas "La Palabra" "La Biblia" a tus hijos y los hijos de tus hijos; contarle sobre como Dios abrió el mar en dos. *(Deuteronomio 4: 9)*

113. Dios no nos obliga a seguir una ley y sus estatutos, nosotros nos vamos a dar cuenta, si queremos el bien para nuestras vidas, es necesario seguir los pasos de su palabra escrita "La Biblia", seguir su camino, seguir

a Dios. Si se nos olvida seguir su palabra, pedirle al Espíritu Santo de Dios, que nos los recuerde, y él lo recordará; y cuando nos lo recuerde, practicarlo, ponerlo por obra, para que estén en nuestra mente siempre.

114. ¿Cómo es la vida del que no cree en Dios? Estúdiela, obsérvela.

115. Los que no aman a Dios, los que no creen en Dios, ¿No mienten, no les gustan las mentiras, no les gusta estar hablando palabras soeces o malas palabras? Por tanto: *Juan 3: 19 dice: Y esta es la condenación: Que la luz vino al mundo, y los hombres amaron mas las tinieblas que la luz, porque sus obras eran malas.*

116. A Juan ya no le importaba que la gente lo siguiera para escucharlo, porque el gozo de Juan era, que ya Cristo estaba, y que lo siguieran a Él, ese era su gozo cumplido. Yo Joel digo: Seguid la palabra escrita "La Biblia" de Dios, las palabras de Jesús, y seguidlo a Él.

Juan 3: 29 dice: El que tiene la esposa, es el esposo; mas el amigo del esposo, que está a su lado y le oye, se goza grandemente de la voz del esposo; así pues, este mi gozo esta cumplido.

117. Es necesario que toda la gloria sea para Dios, Jesús, y no para mi, Joel; para siempre en el nombre de él, Amén.

    Juan 3: 30 dice: Es necesario que él crezca, pero que yo mengüe.

118. ¿Acaso cuando uno se aparta, no le da sed de sentir y volver a estar en la paz, tranquilidad y todo lo que da el Señor Jesús? Mas cuando estamos en sus caminos, no volveremos a tener sed.

    Juan 4: 14 dice: Mas el que bebiere del agua que yo le daré, no tendrá sed jamás; sino que el agua que yo le daré será en él una fuente de agua que salte para vida eterna.

119. Se adora a Dios en todo lugar donde uno se encuentra, sería bueno y mejor, en todo momento.

    Juan 4: 20,21 y 23 dice: Nuestros padres adoraron en este monte, y vosotros decís que en Jerusalén es el lugar donde se debe adorar. 21: Jesús le dijo: Mujer, créeme, que la hora viene cuando ni en

*este monte ni en Jerusalén adoraréis al Padre.
23: Mas la hora viene, y ahora es, cuando los
verdaderos adoradores adorarán al Padre en
espíritu y en verdad; porque también el Padre
tales adoradores busca que le adoren.*

120. Que rico se siente cuando das el consejo del
Señor, Dios; esto es sembrar una semilla.
Pero, que gozo nos da cuando esa persona
viene al camino del Señor, Gozamos
juntamente con Dios y él, con el fruto.

*Juan 4: 36 dice: Y el que siega recibe salario, y
recoge fruto para vida eterna, para que el que
siembra goce juntamente con el que siega.*

121. Libro "Evidencia Que Exige Un Veredicto"
de Josh McDowell pag. 86: 8C Línea 7-9;
aquellos que desprecian la sabiduría y a
los sabios, la sabiduría de Dios y de las
escrituras de Jesús, le fueron y les serán
atrapados por la miseria y desgracia.

Que ha pasado con Estados Unidos,
Puerto Rico y otras naciones. Un reino
dividido en robos entre ellos mismos,
mentiras, adulterio y otros; no puede
prevalecer jamás, con engaños. Europa
avala por medicamentos naturales;

actualmente en el 2012 quizás estén cambiando su teoría, pero muchos siguen en la medicina natural. Aunque estén en un error espiritual, pero si en parte siguen la verdad, lo natural, la creación de Dios, en parte les irá bien; y si se unieren a la verdad de Cristo y su sabiduría perfecta, les fuese completamente bien y casi perfecto; ¿Por qué casi perfecto? Porque el perfecto es Cristo, Dios.

122. Los refrescos "sodas" producen dolor en las coyunturas y huesos, desgastes, según una teoría de mi compañero de trabajo; si fuese así, por causa de la ambición del hombre, producen engaño y no retiran del mercado la causa de estas enfermedades. Es como el moho, comienza deteriorando una parte, hasta que deteriora una nación entera.

123. Jehová, un minuto contigo, es un momento de paz, un momento de tranquilidad, de descanso; medio día contigo, un día, tres días, una semana. Retirarse de todo, de mi trabajo, mis hijos, mi esposa, todo; solo contigo, a solas en mi habitación, sintiendo tu Espíritu Santo, dejar que el Espíritu Santo emane sobre mí.

124. ¡Oh Señor, si no mirare lo que busca la carne, si cerrare mis ojos hacia ello! ¡Si escribiere miles de canciones, si escribiere miles de letras; sean solamente inspiradas por tu Santo Espíritu! Te amo, <u>Dios</u>.

125. Más de dos mil años, y todavía está ardiendo en los corazones de muchos; su amor, su misericordia, Jesús.

Hechos 1: 8 dice: Pero recibiréis poder, cuando haya venido sobre vosotros el Espíritu Santo, y me seréis testigos en Jerusalén, en toda Judea, en Samaria, y hasta lo último de la tierra.

126. Si la iglesia no se mueve, es necesario que seamos esparcidos.

Hechos 8: 1 y 4 dice: Y Saulo consentía en su muerte. En aquel día hubo una gran persecución contra la iglesia que estaba en Jerusalén; y todos fueron esparcidos por las tierras de Judea y de Samaria, salvo los apóstoles. 4: Pero los que fueron esparcidos iban por todas partes anunciando el evangelio.

127. Pedro negó a Jesús tres veces, ¿Cuánto Pedro se habrá humillado delante de Jesús, para hacer todas estas cosas que hizo? Milagros en el nombre de Él.

Hechos 9: 40 dice: Entonces, sacando a todos, Pedro se puso de rodillas y oró; y volviéndose al cuerpo, dijo: Tabita, levántate. Y ella abrió los ojos, y al ver a Pedro, se incorporó.

128. El Espíritu Santo avisa, se comunica con nosotros; aquel que le busca de corazón.

Hechos 10: 19 dice: Y mientras Pedro pensaba en la visión, le dijo el Espíritu: He aquí, tres hombres te buscan.

129. No se rindió, persistió por la bendición. Si el corazón de nosotros está a la verdad dispuesto, Dios dispone.

Génesis 32: 24 dice: Así se quedó Jacob solo; y luchó con él un varón hasta que rayaba el alba.

130. Los demonios conocen a los que están llenos del Espíritu Santo de Dios y a los que aman a Dios con todo su corazón; conocen los que pueden con ellos y lo que no pueden.

Hechos 19: 15 dice: Pero respondiendo el espíritu malo, dijo: A Jesús conozco, y sé quién es Pablo; pero vosotros, ¿quiénes sois?

131. El viejo testamento es tan válido como el nuevo, excepto, que lo que lo que Dios limpió, ya no es inmundo.

Hechos 26: 22 dice: Pero habiendo obtenido auxilio de Dios, perseveró hasta el día de hoy, dando testimonio a pequeños y a grandes, no diciendo nada fuera de las cosas que los profetas y Moisés dijeron que habían de suceder.

132. La esperanza de que Israel sea salvo.

Hechos 28: 20 dice: Así que por esta causa os he llamado para veros y hablaros; porque por la esperanza de Israel estoy sujeto con esta cadena.

133. Ayudar a alguien, morir por él, aún cuando haya cometido mal contra nosotros.

Romanos 5: 8 dice: Mas Dios muestra su amor para con nosotros, en que siendo aún pecadores, Cristo murió por nosotros.

134. Muchas veces me has librado, a la verdad el Espíritu Santo está dispuesto a cuidarme siempre del pecado y la muerte, primeramente de la muerte espiritual. El Espíritu Santo está, mas si caigo, es porque hice fuerza.

Romanos 8: 13 dice: Porque si vivís conforme a la carne, moriréis; mas si por el Espíritu hacéis morir las obras de la carne, viviréis.

Borracheras: Dañan el hígado
(Físicamente hablando)
Regresan las penas a tu
mente
(Espiritual)

Daña matrimonios

Hay muertes

Adulterio: Muerte espiritual
primero

Daña el núcleo familiar

No tienen buena
relación sexual o
intimidad con tu esposa.

Si esa persona es
casada, por celos su
pareja te puede matar
(muerte física)

135. Para que nosotros también tengamos misericordia de los desobedientes.

    Romanos 11: 32 dice: Porque Dios sujetó a todos en desobediencia, para tener misericordia de todos.

136. Cuando hacemos las cosas bien delante de los demás, ellos mismos nos son de cartas de recomendación.

    2 Corintios 3: 2 dice: Nuestras cartas sois vosotros, escritas en nuestros corazones, conocidas y leídas por todos los hombres;…

137. Dios se hizo hombre para comprender lo que nos dolía en esta carne, para comprender cuanto nos duele, cuando viene la tentación del pecado; pero también, comprender que no hay excusas para crecer y llegar.

    2 Corintios 5: 21 dice: Al que no conoció pecado, por nosotros lo hizo pecado, para que nosotros fuésemos hechos justicia de Dios en él.

138. Se nos sube el orgullo con el carro de otro, hasta con la gafas de otro.

2 Corintios 10: 16 dice: Y que anunciaremos el evangelio en los lugares más allá de vosotros, sin entrar en la obra de otro para gloriarnos en lo que ya estaba preparado.

139. El que quisiera agradar a los hombres, es siervo de los hombres; el que quiera agradar a Cristo, es siervo de Cristo.

Gálatas 1: 10 dice: Pues, ¿busco ahora el favor de los hombres, o el de Dios? ¿O trato de agradar a los hombres? Pues si todavía agradara a los hombres, no sería siervo de Cristo.

140. ¿Quiénes son los que crecen? Cuando soy yo mismo, cuando hago la diferencia. El restaurante "Los Aviones" en Barranquitas, P.R.; Al dueño le dijeron que estaba loco cuando planteó su idea; hoy en día, personas, familias de diferentes lugares, gente adineradas en su helicópteros, viajan hasta allí. Fue diferente, creó su propia idea, y la llevó a cabo.

Efesios 2: 3 dice: Entre los cuales también todos nosotros vivimos en otro tiempo en los deseos de nuestra carne, haciendo la voluntad de la carne y de los pensamientos, y éramos por naturaleza hijos de ira, lo mismo que los demás.

PARTE
3

1. Me fui, me fui bien lejos; no sé donde estoy, y solo tú me puedes traer de regreso.

2. Quisiera que cuando dijere que las cosas sean "EN EL NOMBRE DE JESÚS" sea como un sello infalible. Claro, todo de acuerdo a la voluntad perfecta de <u>Dios.</u>

3. El hombre solamente tiene una teoría, Dios conoce perfectamente los pensamientos.

4. Como cambió el día así de momento, de soleado a lluvia; así son muchos corazones, no persistentes en un solo pensar.

5. <u>Tú</u> sabes que en lo profundo, en lo más profundo de mi corazón no está esto; que si pudiera desgarrarlo, arrancarlo de mí, lo haría para siempre. Esta tentación que a veces se convierte en dolor para mi alma, para mí ser. ¿Por qué duele? Por las fuerzas que hago contra ella, porque no la quiero en mi ser. Tan solo quisiera que todo mi ser, mis pensamientos, mi cuerpo, mi sangre, mis huesos, TODO; sea santo para siempre, como Tú eres santo.

6. ¿Quién se enojará contigo, si Tú no tienes culpa de nada? Guárdame Señor, por favor.

7. Puede haber un protocolo, puede haber una ley; y nada, nada nos podrá hacer perfecto, solamente Cristo Jesús Señor nuestros.

8. ¿Cómo Dios nos va a permitir, nos va a dar lo que nosotros queremos, sea una meta que tengamos, sea sus promesas; si no somos personas persistentes, si no tenemos fe? Cuando tenemos fe ponemos nuestras fuerzas para alcanzar lo que queremos; pero cuán importante es poner todas las fuerzas para agradar a Dios sobre todas las cosas. Primero Él, y lo alcanzaremos TODO.

9. Nosotros debemos escuchar al predicador o el que da el mensaje de la palabra, pero también, y mucho más importante es leer la palabra "La Biblia" y escudriñarla; por que ciertamente el predicador no es perfecto, mas la palabra de Dios es verdadera y consistente.

10. ¿Quién está a salvo hoy en día? Solo aquel que ponga su confianza en Dios.

11. Vana manera de vivir con oro, plata; vuestra fe y esperanza sean en Dios.

12. Los perros por la desobediencia son amarrados. Por la desobediencia los hombres andan en un círculo que se convierte en tristeza, dolor, en el cual gimen y lloran intentando salir a su manera; pero jamás saldrán. Solamente hay un camino, el resistir la desobediencia, y obedecer las palabras perfectas que están en el más famoso libro a nivel mundial, "La Biblia", y al que está vivo, y vive en los corazones de quienes lo buscan para salvar sus vidas, para sacarlos de la desobediencia.

13. ¿Dónde está la sabiduría de los sabios, entendidos e inteligentes? Se fue a causa del orgullo, de la soberbia, de la altivez. ¿A dónde se fue? Caminando y compartiendo con los humildes de corazón, aquellos que no quitaron la mirada al primado del Señor. Pensar primero en las cosas de Dios, y en los días que son para Él, y el sobrante sea para nosotros.

14. Démosle honor a nuestra esposa, no mirando a otras, no mirando sus bellezas. A nuestro corazón y a nuestra mente, hagámosle recordar, la mujer que Dios nos dio es más hermosa que un diamante; porque habiendo mirado a otras, estas

deshonrando a la tuya, y tus oraciones tendrán estorbo, ¡No vas a poder orar bien!

1 Pedro 3: 7 dice: Vosotros, maridos, igualmente, vivid con ellas sabiamente, dando honor a la mujer como a vaso más frágil, y como a coherederas de la gracia de la vida, para que vuestras oraciones no tengan estorbo.

15. ¿Quién tiene ganas de enseñar? Pero, ¿Cuáles son los que tienen ganas de explicar, con amor, con mansedumbre, y con paciencia? Pero pocos son los que explican, mas muchos son los que enseñan; maestros.

16. Ciertamente el hombre es vanidad, hoy te tratan mal, y si te haces famoso, o conocido por todos por algo agradable al mundo, se olvidan de lo que te hicieron, y te dan toda la gloria.

17. ¿Hasta donde llegó Jesús predicando el santo evangelio? ¿Hasta donde llegaron sus discípulos? ¿Hasta donde llegó Pablo? Si hubiera sido por ellos, corrían el mundo entero en vida; pero aún los discípulos después de muertos, y Jesús después de haber resucitado, y dejar de ser visto;

han llegado a donde ninguno de ellos se imagino llegar, excepto Jesús. Predicaron en una sola parte de toda la tierra, y sus palabras todavía hoy en día, siguen corriendo en nuestros corazones.

El hombre es como la hierba del campo, en la mañana crece, y en la tarde es cortada y se seca. ¿Cuántos han muerto desde la época de Jesús, y sus discípulos? ¿Cómo es posible que sus palabras sigan llegando a cada vida que nace en el presente, y nacerá en el futuro? Porque ciertamente, el hombre es vanidad, pero la palabra de Dios no, porque permanece para siempre.

18. Caen algunos, para que crezcan otros; por el dolor de los que cayeron.

19. Cuando ya no somos niños, y crecemos; es lamentable ver lo que es la realidad de la vida en los adultos, y más aún en estos tiempos, cuando hay bajas en la economía mundial, y bajas en el amor de cada ser humano.

20. Tu eres el pétalo de mi flor, tu, mi amada esposa; te amo, naciste de esa flor, y la flor, es Jehová Dios.

21. Ya hablaste todo lo mas que pudiste, y aconsejaste todo lo mas que pudiste; ahora silencio, vete, ve tras tus metas, alcánzalas; y cuando ya las hayas alcanzado, veras el fruto de todos tus consejos.

22. ¿Cómo nos amamos unos a otros? Un amor que no sea fingido, un amor que no sea, que porque lo dice en la biblia, lo hagamos simplemente por conocimiento, y no de corazón, eso, es un amor fingido. ¿Cómo nos amamos unos otros? El que no pueda amar a su hermano, a su conocido o no conocido, prójimo; pídale amor, al que es todo amor, porque Él lo dijo, y él se lo dará, Jehová es. De esto soy testigo, de cuando sentía odio por mis compañeros de clases. Dice en la palabra de Dios en *1 Juan 3: 22, Y cualquier cosa que pidiéramos la recibiremos de él, porque guardamos sus mandamientos, y hacemos las cosas que son agradables delante de él.*

23. Muchas mujeres dicen hoy en día: Eso de estar sujetas a los maridos, era en otros tiempos antes. Queremos ser más inteligentes y más sabios que la palabra de Dios, por eso nos suceden estas cosas; estamos viendo como las mujeres son

abusadas, y muertas. Pero también dice: Maridos tratar a las mujeres como vaso más frágil; así que hombres, si queremos que vuestra mujer esté sujeta a nosotros, hacer esto; y mujeres si quieren que vuestro marido la trate así, estad sujeta a ellos. Si uno de ellos no quiere hacer esto, comience usted primero y persista haciéndolo para siempre, y obtendrá la recompensa.

Efesios 5: 22 dice: Las casadas estén sujetas a sus propios maridos, como al Señor. 1 Pedro 3: 7 dice: Vosotros, maridos, igualmente, vivid con ellas sabiamente, dando honor a la mujer como a vaso más frágil, y como a coherederas de la gracia de la vida, para que vuestras oraciones no tengan estorbo.

24. Aquí en la tierra sirviente, es un puesto muy bajo para el mundo; pero en los cielos, es uno de los puestos más, y más altos; tanto, que aun los ángeles quieren el puesto, y Jesús mismo vino para servir.

Marcos 10: 45 dice: Porque el Hijo del Hombre no vino para ser servido, sino para servir, y para dar su vida en rescate por muchos.

25. Dios cuida nuestra salud; pero hay otro, que quiere aprovechar y dañarla; en ese momento, tenemos que saber, y darnos cuenta cuando viene, y pararlo.

26. Quién podrá soportar la gloria de Jehová sobrevenir, sin que caiga de rodillas y tiemble.

27. Todas las cosas se desgastan, como pasa con la piedra al caerle agua constantemente.

28. Los inteligentes cuando se juntan, compiten en su inteligencia, y se olvidan de lo más importante, y de lo primero. Por eso viene sobre ellos destrucción repentina, añadiéndose la depresión.

29. No es poder hacer de todo, es poder hacerlo todo bien hecho.

30. No confiemos en nuestra propia prudencia, porque habiéndonos dado Dios un don, nos alejamos de Él, y creemos que lo podemos hacer todo solo, y que ya no lo necesitamos; ¡Anda, hazlo, apártate! Que pronto veremos tu caída, y el postrer estado, será peor que el primero.

31. Tengamos cuidado con lo que decimos o hablamos, podría ser usado en nuestra contra.

32. Nuestro cerebro funciona mejor cuando tenemos metas por cumplir, y las trabajamos para llegar al final de ellos. A esto le añadimos un buen descanso.

33. El que se cree sabio él mismo, perderá los verdaderos amigos.

34. Por no permitir que sea la voluntad de Dios, cambiamos el destino del tiempo; en el futuro no muy lejano, lejano o muy lejano, veremos las consecuencias.

35. Son como niños cuando no les gusta el lugar donde sus padres los van a llevar; pero cuando el lugar les gusta, no hay pero, no hay excusas, hacen lo que sea por estar allí. Cuál de estos dos somos nosotros para ir al templo; solo observemos, y prestemos atención, que comportamiento tenemos en cada uno de estos dos sucesos.

36. Señor, mejor ayúdame a darte toda la gloria, antes de que por soberbia y orgullo,

caiga, y todos me miren como lo que nunca quise ser.

37. Se creen inteligentes, más que uno; admito que muchas veces me dieron de comer, que cuando me faltó dinero me ayudaron, cuando me quedaba sin hogar me dieron techo, cuando casi me quedaba por caminar a pie, sin vehículo, prefirieron ellos estarlo, antes que yo lo estuviera; pero cuando estaban en la cúspide de su sabiduría, se alzaron dejándome sin ayuda, en el momento de mi mayor necesidad, mencionando todo lo que habían hecho por mí, y que ya no merecía más, porque yo no había hecho nada por ellos. Se equivocaron conmigo, se olvidaron que la sabiduría de Dios es perfectamente más poderosa que la de ellos, y se olvidaron que antes de haber mencionado palabra contra mí, de todo lo que hicieron por mí; les había pagado, y cobrado en un solo día, todo lo que hicieron por mí. Dios usa su astucia contra ellos por mí, y por aquellos que se humillan delante de Él, porque Él sabía que esto iba a pasar. TE AMO HERMANO, CON TODO MI CORAZÓN.

38. Es como si estuviera en la cárcel y no pudiera salir, como si buscara aire, y no pudiera respirar, como si tuviera las puertas abiertas, y no pudiera escapar; vive en mí, ayúdame por favor.

39. A veces mentimos sin que nuestro corazón, nuestra mente, y nuestra conciencia se den cuenta. ¿Por qué? Porque no es una mentira común; hacemos algo que en realidad no sentimos hacer, mentimos a nuestro cuerpo, también a una segunda persona.

40. La luz y el sonido, los ubicas en un lugar alto, y los dos se expanden.

41. Aquellos que de joven, eran más fuertes que yo; ahora son más débiles.

42. Nos gusta mentir, pero; ¿A quién le gusta que le mientan?

43. Me recuerdo que a edad temprana te adoraba, cuando era niño te amaba; mi corazoncito te temía, me bendijisteis desde pequeño, con la bendición mas grande, la más preciada, mas válida que el oro. ¿Por qué a mí este Gran Tesoro? Decirte

gracias, es poco. Sabias que un futuro lo iba anhelar, iba a anhelar ese Tesoro, con todo mi corazón. Te amo <u>Jehová</u>, Te amo.

44. El entretenimiento es algo que te detiene. Mientras los actores logran con esfuerzos, tener su buena casa, su buen carro, y su profesión; los vemos crecer, y nosotros nos aguantamos, quedándonos sentados sin lograr nada en la vida; redes sociales, programas de televisión, juegos de videos. Hay tiempo para todo esto, pero que eso no nos duerma, y cuando abramos los ojos digamos: No tengo nada ni para mí, ni mi esposa, ni para mis hijos. Así que el entretenimiento sea menos, dedicadle más tiempo a nuestras metas; y a los sueños, dedicadle hechos.

45. ¿Cómo harás Señor, como trabajaras nuestras vidas para que seamos santos, como Tú eres santo, para que seamos como hermanos?

46. A la verdad, que el que se aleja del Espíritu Santo, es objeto de burla.

47. No me dejes, sería como si el novio dejara a la novia, el avión se fuese, y yo me quedare

viéndole ir, llorando de rodillas en el suelo, llorando con todo mi corazón; por favor no me dejes. *Isaías 55: 6 dice: Buscad a Jehová mientras pueda ser hallado, llamadle en tanto que está cercano.*

Esto lo escribí en momento, cuando sentía que mi vida y mi corazón se desprendían, alejándose del que ama mi alma. Lloro por ti, Jesús.

Habrán días en que lloraran buscándolo, y no va a ser hallado; yo no quiero estar ahí.

48. No es lo mismo la fuerza y la persistencia del mundo, en la cual se adopta por medio del enojo, el odio, y sin sentimientos buenos; ciertamente la de Dios se gana con lo contrario, con ira santa.

49. Para muchos el matrimonio es poca cosa; para otros, es el romper del alma y el corazón, cuando uno de ellos desata el lazo que los une.

50. ¿Dónde están? Donde están los que persistían, lo que llegaban temprano al

templo, los que eran puntuales; los que llegaban tarde, ahora llegan temprano.

51. Así como el padre detiene a su hijo, después de haberse caído, y no lo suelta, para que no sea peor el golpe; así también Dios lo hace, aunque gritemos, aunque nos enojemos, hasta que aprendamos, a tener control.

52. Es sorprendente como Dios cambia a un hombre vil, y despreciable, en un hombre al que ahora todo el mundo ama y respeta.

53. Son como ciegos que no les interesa cobrar su vista, ni tan siquiera piensan en ello, prefieren estar toda su vida sin ver; aunque estén sufriendo día tras días, no buscan su mejora; aunque la verdad este de frente, prosiguen su camino, aunque por un momento hayan tomado la salvación en sus manos, siguen queriendo estar ciego.

54. Luchamos contra lo que sale por nuestra boca, por eso Jesús dijo en *Mateo 15: 11, No lo que entra en la boca contamina al hombre; mas lo que sale de la boca, esto contamina al hombre.*

55. Sin Ti, nada puedo hacer; sin Ti, a ningún lado puedo llegar.

56. Todo en la vida es un balance, si no lo conoces.

57. Aquel que cree, que por haber dado, se engrandece sobre los demás; los demás, de una sola vez, le pagarán todo lo que aquel dio, y será humillado, como si no hubiera dado nada.

58. Los que no críen a sus hijos en el conocer a Dios; sufrirán viendo las consecuencias no buenas, delante de sus ojos.

59. Es darle mucho valor a lo poco que estás haciendo, y alcanzarás grandes puestos y ocupaciones.

60. Me acuerdo, y me hacen llorar mis propias palabras, las que escribí hace un tiempo; me hacen recordar, el cómo era, y como soy ahora, y en qué estado está mi alma; pero dentro de todo, y con mis debilidades, me hago cada vez más fuerte.

61. Esto no es como hacer una película, donde escoges, y buscas el ambiente; cada día, trae su propio afán.

62. Quieren usar su sicología contra mí; mas no entienden, que la mía viene de arriba.

63. Mejor es que sea persistente para Tu camino, que para el mío.

64. Las personas se escogen a sí mismo, pero cuando se acaben sus días, Tú escoges quienes son los que son, y sus palabras quedan en nada; Tú eres el que tiene el poder, no el hombre.

65. ¿Cuándo puedo exigir lo que es mío? Cuando dé más de lo que me exigen.

66. Entre menos hable mejor; no es sabio el que habla, sino el que calla.

67. El que no pueda cumplir con los consejos, confiad y pedidle a Dios, que Él te ayudará a cumplirlos.

68. Si te tocare esperar dos meses, un año, o seis años para lograr una meta; espéralo,

porque ¿Qué es un año dentro de cincuenta años de tu vida?

69. Cada mañana son nuevas tus misericordias; cada mañana la decisión está en nosotros, si vivimos o morimos.

70. Podemos ser dueños de un hospital, ser líder, gerente, estar en el puesto más alto, o económicamente en buen estado; pero si no está Dios en nuestro corazón, estamos solos, y vacios.

71. No es rendirse en la vida, es humillarse delante de Dios, y seguir alcanzando nuestras metas.

72. La soberbia y el orgullo, hacen que nos atrasemos.

73. Si aguantamos presión, obtendremos recompensa.

74. Aquello que fue santo en uno, se perdió en el oscuro abismo del conocimiento del pecado, y solo quedan vagos recuerdos.

75. ¿Qué sucede con el patrono? Se ve a un empleado que trabaja muy bien, no lo

oprimas; no sea que él decida trabajar muy,
o demasiado despacio sin que el patrono se
dé cuenta.

76. El error está en dejar fluir los pensamientos
negativos. Cuando cortamos ese pensar, y
lo cambiamos por santidad; en hacer esto,
está lo correcto, y dejará muchas huellas
hermosas.

77. ¿Cómo actualizamos, y mejoramos todo
en el mundo, si no enseñamos nuestras
experiencias de lo que sabemos, y
aprendemos?

78. Todo aquel orgulloso, soberbio o altivo;
estará trabajando para el que es humilde
de corazón.

79. Un poco de vagancia, un ratito más para
seguir durmiendo; harás que las cosas se te
olviden.

80. En el mensaje de la palabra, esté pendiente
a lo tuyo para que lo retengas; no sea que
pendiente al del otro, pierdas lo tuyo.

81. Hay cosas que hay que hacerlas idénticas;
pero hay cosas que como líderes, tenemos
que cambiarlas para mejorar.

82. Una cosa me dijo Pelencho que es cierto: Cuando estés en el lugar de trabajo, aprovecha a aprender, quizás en algún momento necesites lo que aprendisteis, o necesites lo que no quisisteis aprender, pudiéndolo haber aprendido.

83. El arpa significa tu don, David eres tú; aportando con tu don en tu área de trabajo, y donde quiera que puedas usarla; agradarás a los ojos del "Rey", del dueño, supervisor, gerente, director, administrador de donde trabajas.

84. Muchas personas en su empleo trabajan criticando, hablando de sus compañeros y de su superior; no nos damos cuenta que haciendo esto, no crecemos.

85. Cada día reconozco, que lo que he aprendido, es gracias a Ti, Jehová; y la gloria, la honra, sean tuyas para siempre.

86. El que busca, halla; pero no el que busca a lo loco, sino, el que busca con detenimiento, diligencia y persistencia.

87. En la meta, está el descanso; también está el descanso de nuestra alma.

88. Lo malo, no lo olvidan; lo bueno, lo lloran.

89. Jesús, diste tu vida por nosotros, por enseñarnos lo bueno, para que nos fuera bien en la vida, dejaste lo tuyo, por nosotros.

90. Donde está el Espíritu de Dios, hay libertad. Donde está un siervo del Señor Jesús, hay libertad. Donde está uno, que ame a Dios con todo su corazón y con toda su mente, hay libertad.

91. El que es soberbio, altivo y orgulloso; que se prepare, porque Dios va a poner uno mejor que él, en su puesto.

92. Hay muchos que les gusta molestar, ¿Pero a ellos, le gusta que los molesten?

93. Así como hombre yo, me siento bien conduciendo mi auto cuando le integro algo nuevo; así también se siente mi esposa, cuando le tenemos la casa bonita y bien amueblada; además, más ganas le dan para recogerla, o mantenerla.

94. Muchas veces, las cosas que creemos pequeñas; son las más importantes.

95. Cuando estoy contigo Jesús, Tú estás sobre mi cabeza, y yo estoy sobre todos; aquellos que contigo están, están conmigo.

96. ¡Mi alma llora, como la tierra llora la maldad de los hombres!

97. El concepto de pensar de algunos, de que el otro aprenda como nosotros aprendimos, a fuerza de cantazos, que se fastidie como nosotros nos fastidiamos; no deja que el mundo progrese. Si Albert Einstein hubiera tenido ese concepto, no daba sus ideas a conocer, entonces, ¿Qué adelanto tuviéramos?

98. Es sorprendente como una pareja que se amaban con todo su corazón; hoy son, y mañana no son.

99. Si el gobierno de las naciones se dedicaran a ayudar la necesidad "Necesidad correcta" de los más pequeños en pobreza; prosperarían en todo, nuevas ideas, mejor tecnología, etc.

100. El liderazgo no se pide, se gana.

101. A la verdad, que si nuestro corazón está dispuesto; Dios también lo está.

102. El rock metal te lleva a hacer locuras, el suave te lleva a las nubes, a la soledad; ambas son del mundo, mientras que una canción compuesta por el Espíritu Santo de Dios, te lleva a donde quieres estar para siempre.

103. Ay de aquellos que <u>no</u> obedezcan la voz del Espíritu Santo.

Cántico

Te alabarán, oh Jehová, todos los reyes, todos los reyes de la tierra, porque han oído los dichos de tu boca. Y cantarán de los caminos de Jehová, porque la gloria de Jehová es grande. Porque Jehová es excelso, y atiende al humilde, mas mira de lejos al altivo. *Salmo 138: 4 – 6.*

104. El verdadero cristiano prefiere que los demás se gocen la fiesta, aunque él tenga que quedarse solo, cubriéndolos a ellos en lo que regresan a su trabajo; y lo hace de corazón.

105. La gente cree que porque somos de la iglesia, no somos de carne y hueso como ellos. También nos llega el sufrimiento, también nos llega la tristeza, también nos

llega el dolor; pero tenemos la salida, se llama mi precioso Jesús, Dios; lo adoro con todo mi corazón, con toda mi alma. Te amo mi Jesús, te amo mi Dios; aunque nunca te haya visto, se que estás ahí.

106. Decimos: ¿Por qué cobran tanto en los conciertos? Porque podemos piratear sus CD's, pero no a los artistas. Los que roban, por una parte ganan; y por otra parte, pierden siete veces.

107. Quiero desaparecerme en tu nube, nube que se llama, presencia de Dios.

108. Señor ayúdame, porque mi alma delira, delira por encontrar tu paz, y paz para los míos.

109. El mundo presta atención a la maldad, pero no presta atención a algo tan, y tan lindo; algo que no conocen, que para conocerlo, solo les hace falta oír.

110. Soy como un niño, rogándote con todo mi corazón.

111. Si pierdo mi día en otras cosas, porque voy a utilizar el día de Dios, si yo fui el que

quiso votarlo. Dios no tiene la culpa de nuestros hechos.

112. Enséñame a vivir. Quiero irme de aquí, ayúdame, "Please"; ayúdame a llegar allí, por favor, te lo ruego con toda mi alma, con todo mi corazón. Tú sabes hasta donde soporta cada corazón, y hasta cuándo; sabes que ya el mío no soporta más, te ruego. Quisiera adorarte como aquellos dos, cuando los creaste en el principio de los tiempos; más que con toda el mi alma, más que con todo mi corazón. Te amo; amarte más que todo, todo.

Conozcan tu ayuda en mis tropiezos, en mis caídas. Señor, de que me vale alcanzarlo todo, y cuando muriere no alcanzare el cielo; o cuando vinieres, me pierda el estar contigo.

113. El pecado en el cristiano hace que los sueños se desvanezcan, que se disuelvan en el aire las metas y posibilidades. Pero, por favor, déjame arroparme en mis sueños. Soy como un niño, desobedeciendo a la voluntad de su Padre. No nos adelantemos, no seamos curiosos, esperemos el día de

su voluntad, Él pondrá las cosas frente a nosotros, y las podremos parpar. Tú conoces el momento perfecto.

114. ¡Por favor! Mira mi corazón; en encontrarnos algún día, cantando juntos en un mismo sentir, en un mismo Espíritu.

115. Señor, mira cómo trabajan, sin fe y sin esperanzas; pues solo miran lo suyo, y no te miran a ti. Señor mi Dios, no quiero estar así, lo digo de verdad ¡De corazón! Es cómo un vacio, un vacio.

116. Quiero permanecer así, así para siempre; cambiar, pero para mejorar, cambiar en busca de un cien por ciento, cambiar hacia la perfección. Quisiera volver a comenzar, sin errores, limpio. Pero algún día, lo seremos.

117. Señor, bendice a los humildes, bendícelos en entendimiento, en sabiduría, sobre todo, con tu Santo Espíritu; bendícelos, pero que nunca desaparezca su humildad.

118. ¿Dónde está mi corazón Señor? Porque no quiero que se vaya lejos de Ti, por favor.

119. El doctor te opera, te saca la vesícula; Dios no, Dios la restaura.

120. Al que ama a Dios con todo su corazón, Dios lo pone clase aparte; y entre más obedezcamos su palabra, "High class".

121. Quisiera, que pasare siempre lo que ha pasado conmigo; los que contra mi han sido, contra sus vidas atentan. Por favor Señor, ayúdame a seguir contigo.

122. En cuestión económica; Dios bendice al que sabe administrar. Dice en su palabra: *El que es fiel en lo muy poco, también en lo más es fiel; y el que en lo poco es injusto, también en lo más es injusto (Lucas 16: 10)*. O sea sin con lo poco administras bien, en lo mucho te pondrá. Dios bendice a aquellos, que dan prioridad a lo primordial.

123. Por favor Señor, ayúdanos a llegar a la cima de tu montaña; te lo ruego, llévanos allí, por favor te lo pido. Llena mi voz de canciones, Señor tú me conoces.

124. ¡Dios mío, no te vayas, no te vayas lejos de mí, por favor!

125. Te amo, hoy te sentí en nuestro abrazo, aunque hayamos pasado por algunos días malos. A veces beso tu frente.

126. Lo que tú hables, o hablemos en contra de alguna persona; rebotará para nosotros.

127. Perdón Espíritu Santo, por favor no me dejes.

128. Señor, ayúdame a no pedirte mal.

129. Espíritu Santo de Dios, ayúdame con los errores del presente, porque sé que en el futuro me voy a lamentar si no los corrijo, si no los arreglo. Es más, antes de llegar a mi boca, a mis hechos; ya me estás redarguyendo para que no los cometa; enséñame por favor para que no los haga.

130. Vi un documental en una ocasión, habían muchos soldados, todos haciendo ejercicios corporal, algunos se levantaban diciendo que ya no podían más y algunos se quejaban de fuertes dolores musculares; así de fuerte es el entrenamiento de aquellos que aman a Dios con todo su corazón.

131. No le tengo miedo a ninguno, ni a ninguna; pero sí me cuido del que está detrás de esto.

    Mateo 10: 28 dice: Y no temáis a los que matan el cuerpo, más el alma no pueden matar; temed más bien a aquel que puede destruir el alma y el cuerpo en el infierno.

132. Las cosas del mundo como: La música secular, estar en un negocio de bebidas alcohólicas; son como el cráter negro que hay en el universo, un vacio.

133. ¿Dónde estoy? Porque Tú siempre estás ahí, ¿Dónde estoy que no te veo, donde estoy que oigo tu silencio? Te amo, pero me perdí, oigo tu silencio del amor.

134. Lo santo no se puede unir, ligar con lo que no es santo, no se va a escuchar, ni a sentirse bien.

135. Qué lindo, si todos fuéramos como hermanos, sonriéndonos, compartiendo, bromeando sanamente; y aún, muchas veces, los adultos juegan como si fuéramos niños.

136. Lo nuevo se hace obsoleto a la vista, lo que vio antes de lo nuevo. O sea, cuando escoges algo que creaste, y lo haces nuevo, o lo cambias para mejorarlo, o con eso mismo creas otro; el anterior se hace viejo, o a la vista se hace obsoleto.

137. No digas tus secretos, no sea que después, te sean puestos en tu contra.

138. Dios usa también las piedras para bendecirnos. Todo obra para bien, para todos lo que le buscan.

139. La vida no es una película, no es una novela, donde escribes lo que quieres que pase. ¿Por qué a todos les gusta las películas, también las novelas? Porque todo lo que piensan que quisieran que pasara en sus vidas, está plasmado en un libreto, y en una pantalla de televisión. Podemos ir en busca de la felicidad, pero solamente la veremos en espejismos de nuestra imaginación. Solo Dios hace al hombre feliz. ¿Quién nos entiende? Nadie, solo Cristo.

140. Hay palabras que son para escribirlas, hay palabras que sencillamente no se deben escribir, se deben expresar; hay palabras

que son solamente para hablarlas entre tú y Dios, que no deben salir de nuestra boca, ni deben escribirse.

141. Teniendo el saber, teniendo el conocimiento; solo nos queda escoger, si hacemos lo malo, o hacemos lo bueno.

142. Todos tenemos un plan, pero aquellos que quieren que las cosas sean de acuerdo a la voluntad de Dios "Porque la voluntad de Dios es perfecta", Él nos va a cambiar el plan. Podemos poner nuestras agendas encima de la mesa, pero Él decide los días, en que se va a ejecutar cada compromiso.

143. Es sorprendente cómo una persona le puede tener manía a otra, quizás por lo ignorante que es esa otra persona, por su capacidad; quizás por eso llega el momento que ya no lo soportan más; pero, hay que entender su ignorancia, amonestándolo para que aprenda, y teniendo paciencia de él.

144. Hay muchos de los que están en la fama, que se glorían en su corazón. Muchos se creen lindos y guapos; pero no se dan cuenta, lo que hace que se vean así, es

una chaqueta nueva, y una nueva moda, un peinado bonito a la moda, y su fama. Sin embargo, ¡Que se dejen de orgullo y altivez! Porque el día que no tengan de estas cosas; serán como nada; pero en Cristo, no somos cualquier cosa.

145. Que mucho les molesta a algunas personas la corrección, no se dan cuenta, cuan importante es para crecer y ser más perfectos; no prestamos atención a ella.

146. Una de las cosas por las cuales las compañías, tanto pequeñas, como grandes, privadas o no privadas, no crecen; es que cada personal está pendiente a cómo debe actuar o como debe trabajar su compañero en vez de darse cuenta que primero debe estar pendiente a sí mismo, para crecer, también para hacer crecer la compañía.

147. Los ricos soberbios verán su caída después de haberse creído sabios e inteligentes sobre los pobres, he irán buscando el consejo de ellos. "De los pobres"

148. Quien contra Dios ¡Ha! Nadie puede.

149. Tú bendices y pones a la mano lo que necesite todo aquel que busque, que ame, que persista; en trabajar.

150. No trates de ocultar lo que eres, ni te creas que nadie sabe, para esperar ocupar un puesto; porque alguien que te conoce, ya comentó cuál es tu verdadera personalidad.

151. ¿Quién detendrá todo este mal? Matándose unos a otro, odio, rencor ¿Quién? Solo Tú. Todos en ese día miraran al cielo, a los cielos; bajará, verán descender tu paz, tu rocío de amor, la presencia de un gran Rey, el que gobernará perfectamente. Se acabará todo dolor, todo odio para siempre. Señor Jesús, regresa por favor, detén esto que parece no querer terminar. ¡¡¡Por favor!!!

152. Hay muchos hombres que bromean cosas cariñosas con las mujeres, pero tienen miles intensiones de maldad en sus corazones; y si la mujer le da un solo "La" dicen: Ya la tengo; y sus mentes van procesando los próximos pasos para encerarlas en su red. Algunas conocen por donde vienen ellos, si les gusta la jugada se dejan caer solitas,

otras caen ignorantemente, y otras cuando el hombre dice: ya la tengo; viene el tortazo para el pobre hombre, ella le dice: Solo compartía socialmente. Mentes ignorantes, acaso creen que no hay nadie arriba que los está observando; pronto verán su azote, por su orgullo, por la altivez y soberbia que tienen en su corazón.

153. Tanta sabiduría, tanto que saben; y deciden escoger el camino del mal, y la sabiduría de perdición.

154. Gracias al mal que le causan a los siervos de Dios, los siervos de Dios son prosperados.

155. Cuando hablamos mucho de los errores que cometen los demás, llega el día en que cometemos esos mismos errores.

156. Que mal se siente, cuando amas alguien y esa persona no te presta la atención que necesitas; sientes que tu corazón se estremece y desde allí brotan las lágrimas en tus ojos. Pero qué bien se siente, a pesar que esa persona no te responde; hay alguien en los cielos que siempre te prestará esa atención.

157. Están tratando que las computadoras tengan todo tipo de pensamiento que tiene el hombre para ser adaptables a él; pero, la mente del hombre es creativa, por eso las computadoras pueden ser engañadas.

158. Dios ha apretado de tal manera, que dueños, jefes, grandes administradores; optarían por ser simples empleados, en estos momentos, y en estos tiempos.

159. Hasta ahora no he podido llegar a ningún lado sin Ti, Dios.

160. Para poder entender el trabajo del empleado; hay que meterse en la hoya, que el sirve, y también para poder resolver problemas de administración.

161. Ya mismo lo que queda de vida no es mucho, y cuando llegue la muerte; solo quedarán recuerdos. Aprovechemos lo que nos queda de vida, haciendo lo que Dios quiere, porque esto, y de esto, dependerá hacia dónde vamos.

162. Primero se le menciona en qué áreas es muy bueno el empleado, luego entonces

con mansedumbre, se le menciona en qué áreas debe de mejorar.

163. Estar en el ambiente de la música secular, el mundo secular; es felicidad momentánea y tristeza, es un vacio donde nuestra mirada se va en el espacio.

164. El primer amor nunca se debe ir, hay que permanecer para siempre en él, y él en nosotros.

165. Antes, si encontraban a una mujer en el acto sexual, prostituyéndose, la apedreaban hasta quizás matarla; y así sucesivamente con otros delitos de acuerdo a la ley. ¿Por qué mataron a Jesús? ¿Por qué dicen que el murió por nosotros? ¿Por qué dicen que él vino a salvarnos? Porque imagínense que Jesús no hubiera venido, y todavía estuviéramos en tiempos de esas leyes, ¿No nos estuvieran matando hasta por mentir, o quizás por cualquier cosa? Jesús vino a decirle a los policías, a los jueces, a todos los que imponen la ley; que ninguno de ellos tan siquiera, pueden cumplir con las leyes; Jesús vino a decirles: El que de vosotros esté sin pecado sea el primero en arrojar la piedra... Nadie la pudo arrojar

(Juan 8: 7 y 9) Por eso mataron a Jesús, por decirle la verdad. Jesús cambió el curso en el que estaba el mundo. ¡Nosotros no entendemos, y esa es la razón!

166. La diferencia de estar solo, a estar con Dios de nuestro lado; es que cuando uno necesita ayuda de la que nadie, o ningún ser humano te puede dar, se la puedes pedir a Él, y Él te la va a dar.

El Tiempo y El Dinero

167. El tiempo es como el dinero, mal gastas un poquito aquí, y un poquito allá, y cuando abres los ojos; ya no te queda nada.

168. Así como cuando cambiamos un billete de veinte, en billetes de uno, y los vemos que van desapareciendo poco a poco; así también se irá el tiempo en manos del que no lo administre bien.

169. Cuando amamos a Dios con todo el corazón, Dios se glorifica; sin abrir nuestras bocas, predicamos, y tiemblan los corazones, solamente con lo que tienes por cobertura.

170. Dios, no es lo mismo a que tú me ayudes, a que yo camine solo, sin ti.

171. La mente tiene tanto poder sobre el cuerpo, que podemos hacer que el corazón tenga muerte, antes de tiempo.

172. En el mundo no hay amigos, ni mejores amigos; el mejor, te entierra un puñal a espaldas. Solo confío en Cristo.

173. La vida es como la música, si te desvías un poco; tienes que tratar de volver a caer en tiempo.

174. Maltratan los corazones con insultos, creyendo que así los harán entender; no se dan cuenta que están matando sus corazones; lloraran por ellos, sin saber porque murieron.

175. Cada corazón es un mundo; por eso no debemos juzgar, no sabemos qué necesidad de cariño tiene cada uno.

176. Son como truenos de adulterio, y relámpagos de fornicación; como películas de terror, donde no puedes conseguir el sueño, y te faltó el descanso.

177. Descanso, por horas perdidas.

178. Cada día es, es un reto.

179. Si uno funciona mal, contamina a los demás y los atrasa.

180. A veces estamos años, o una vida entera con algo que nos causa molestia; y hasta que no digamos: Voy analizar para mejorar; no va a ser quitado este mal. Si miramos a nuestro alrededor, están las herramientas para arreglarlo.

181. No hagamos mal a nadie, porque males peores vendrán sobre ti.

182. Todos somos diferentes, y para poder crecer y prosperar, tenemos que conocernos a nosotros mismos, no copiarnos de los demás; pero, coged lo bueno y desechad lo malo.

183. Dios nos da la medicina, pero nosotros no la queremos tomar; Dios nos dice no te preocupes, y nos preocupamos; toma agua para que funciones mejor, y tomamos soda.

184. No todo es broma y relajos, tampoco monotonía; sino, dejar que cada momento sobresalga en su tiempo, porque lo que provoquemos en el tiempo indebido, traerá su mal fruto.

185. Hay que reconocer que Dios es el creador de todo; también hay que reconocer que el hombre tiene una mente creativa, pero lo que ha creado le ha añadido al trabajo más trabajo, y más complicación para la vida.

186. En una ocasión me di a la tarea de leer una revista en el cual decía: Los que crean inventos son unos vagos e imaginarios. Yo me hice una pregunta, ¿Entonces porque muchos de ellos han tenido éxito? ¿Por qué tienen un ingreso de mucho más dinero que el que hizo el comentario en la revista? Contesto a mis propias preguntas; porque trabajaron ¿Cómo? Analizando, pensando en cómo lo crearían, y tuvieron éxito y dinero, la recompensa de su trabajo.

187. La venganza es dulce, sí; pero cuando la dejamos en las manos de Dios, porque Él es justo, y es perfecto para saber qué es lo que se va a hacer.

188. Vota el orgullo, pero no pierdas tu carácter; se humilde, pero astuto.

189. Nunca te eches para atrás, como si tuvieras todo el día para hacer el trabajo; sino, comienza a hacerlo como si tuvieras poquito tiempo, así te sobrará tiempo para hacer lo otro. Esto es para si queremos también alcanzar metas.

190. El que lucha obtiene bendiciones, y también descanso.

191. Ahora sé, Jehová, como la iglesia es contigo; le das todo: Amor, cariño, todo lo material que quieran y necesiten, le das el tiempo que quieren; y se olvidan de ti, estando tu cerca de ellos, y aún, estando al lado de ellos. Tu corazón se hiere, llora, a causa de esto, y aún, tienes misericordia. Es necesario que no te dejes ver, para que tu corazón no siga sufriendo, para que te extrañen; aunque aún sufres, porque quieres darles todo, porque quisieras estar de abrazos con ellos todo el tiempo. Para los que reconozcan esto, estarás con ellos todo el tiempo; para los que no, algún día te buscarán y no serás hallado.

192. Deja que hablen de mi todo lo que quieran, cuando Jehová me saque de aquí; caerá toda la carga pesada sobre ellos.

193. En la política, muchos hay ciegos, aferrados a un solo partido, y nadie los cambia, nadie los hace cambiar, son fanáticos a un solo partido; así mismo es con las religiones, por eso muchos no logran ver la verdad, están y no prestan atención.

194. Que fuerte es sentir, saber, que nadie en este mundo sienta por Dios, lo que Él siente por nosotros.

195. Todo aquel que se le haga difícil frenar la lengua; pídale a Dios de corazón que le ayude, y sigamos en los estatutos de Jehová.

196. Tienes el poder para destruir la humanidad entera, por pecadores e injustos que son; pero no lo haces, por tu gran misericordia, por no verlos sufrir, por no verlos humillados, porque se ven tan débiles cuando están en el piso.

197. El que sigue en contra mía, estando yo con Jehová; contra su vida prosigue.

198. Yo Juan Joel Pagán Otero, soy hijo de un Rey, de Jehová; Dios de los ejércitos.

199. Es mejor escribir, que hablar; el que quiera consejo para que le vaya bien en su vida, que lea, que despierte ese interés, y que aprenda a escuchar la voz silenciosa del Espíritu Santo de Dios.

El Ocio

200. El empleado que vota tiempo de trabajo, le vota el dinero a su patrón, y crea ocio para su vida.

201. Son ociosos, vagos para las cosas santas espirituales, caminan en su propia opinión, no quieren analizar, ni pensar en las consecuencias; si tan solo se detuvieran.

202. Si tan solo se detuviera el hombre, solo un momento, y dejare que entrare a su mente y a su corazón. Si el hombre llamara a su oído a que escuche, y preste atención; sus ojos se llenarían de lloro, y no de sufrimiento, se llenarían de paz, y eterno amor su corazón, de las canciones más hermosas, y sus letras; no resistiría su alma, y sus rodillas temblarían, caerían al

suelo, y no de dolor. Que linda es tu voz, Jehová de los ejércitos.

203. A veces buscamos el consejo y la opinión de los demás, se nos olvida que existe Dios, y que el mejor consejo lo puede dar él, porque Él conoce nuestro futuro; cuando otros dicen, no te conviene, Dios dice: Adelante, que vas a prosperar. Por haber buscado el consejo de los demás, no sabemos cuánto podemos perder.

204. No es el ser sincero, o el decir las cosas como salgan del corazón lo que está mal; sino en la forma como las digas, como salgan de nuestra boca es que tenemos que tener cuidado.

205. Si estar alegre hace que me olvide de Ti; mejor es que viva en sufrimientos.

206. ¿Quién puede discutir contra ti? Nadie puede; gaguean, y se quedan mudos, Señor Jehová.

207. La alta sociedad quería todo tan perfecto, sobresalir tanto de los demás; su forma de estar de pie, y hasta la de cómo sentarse; que la del pobre subió más alto que las de

ellos, sobresalieron más, y se esparcieron por el mundo.

208. ¿Qué hago? Mientras espero callado, me duelen sus palabras, me duele lo que hace, ¿Qué hago? Dejar que se fastidien solo, hasta que pidan ayuda; y cuando pidan ayuda, ¿Qué hago? Cuando se entreguen en alma y cuerpo, entonces los ayudo. Sufro mientras callo ¿Qué hago? Vivir feliz, no preocuparte. No es que no me importe, es vivir como si no me importara. ¿Viviría como ella, como si no me importara entonces? Vendría donde mí, ¡Ayúdame, ayúdame! ¡No calles, ayúdame! ¿Qué hago? Vivir feliz, no preocuparme.

209. Cuando vez Tu creación llorando de dolor y sufrimiento, Tu también lloras, a Ti también te duele verlos llorar. La creación somos todos, te hayan conocido, o no te hayan conocido. La manera en que los ayudas, para la mayoría es extraña; muchos de los que te han conocido, esa manera la juzgan, nadie es quién para decirte como hacer. Tu manera es extraña, Tus pensamientos más altos que nuestros pensamientos. ¿Cómo los ayudas? De una manera extraña. Quién los ayudó, no se llama suerte, se

llama descanso del sufrimiento. ¿Quién los ayudó? Tú los ayudaste.

210. No hay nada difícil para el hombre en este mundo, ni imposible para Dios, en la tierra, en el universo, y ni en todo lugar.

211. La mejor venganza que podemos adquirir, es esperar a que Dios la tome en sus manos.

212. No es sabio el que hace, o el que muestra un gesto en su cara; sino el que hace ninguno.

213. En ti Dios, aprendemos a ser fuertes, a ser personas que no desmayan; nosotros escogemos si seguimos tu camino, o nos desviamos hacia los deleites del mundo: Dinero, fama, lujos. No es lo mismo que Tú nos des estas cosas, a que nosotros nos desviemos por ellas.

214. *Porque en la mucha sabiduría hay mucha molestia;... (Eclesiastés 1: 18).* Yo también digo, es bueno saber o aprender de todo, siempre y cuando tengamos otras metas que no sean en un mismo lugar, ni en una misma área, para que no haiga alguien que tome control sobre ti, solo Dios.

215. Cuando tu llegares nuevo a un lugar, y un listo te quitare lo que es para ti "Que es nuevo", y te dejare lo viejo de él; ni te importe, ni te preocupes, porque lo que te quitó, se hará viejo, y tu a cada momento, te seguirán llegando cosas nuevas, y serán para ti, que nadie te las va a quitar.

216. Ocho horas para producir. Cuando ya no hay tiempo, mejor dicho, se acabó, no puedes producir porque estás lleno dentro de esas horas; entonces delegas, para poder seguir produciendo.

217. Hay que seguir el protocolo, pero mejorarlo, sino se crea ocio, o vagancia. Se sigue el conocimiento que se estudió, pero mejorarlo, actualizarlo.

218. Al necio que estuvo contra mí, le darás como se merece su necedad; conmigo.

219. Una de las peores cosas que te pueden suceder es: Tener un proyecto en el cual hallas puesto todo tu afán, pero por haberte enorgullecido; cuando lo termines, tu sonrisa se vuelva en humillación del corazón, y todo se te desvanezca.

220. Delegar, cuando ya no podemos, cuando tenemos mucho trabajo; delegar, pero no quedarse en ocio, sin trabajar.

221. Porque muchos mientras están feliz, mientras tienen todo a la mano, dinero, se olvidan de mi Dios. Mientras nadie les haga enojar, mientras le digan lo que les gusta escuchar, ¡Que fácil! Mientras se acuerden de ellos, ellos se olvidan de Ti, ellos se olvidan de mí; pero cuando me alejo de ellos, cuando hago que de ellos me olvido, entonces me extrañan, y quieren estar conmigo.

222. Siento que mis huesos se pegan a mi piel, como si tuviera hambre, y estuviera falto.

223. Bienaventurado son los hijos, y los hijos de los hijos de los justos; de los que son humildes, de los que te aman, Dios.

224. Señor, de que me vale saber todo, y no enseñarlo. Sentir la satisfacción de que otros aprendan lo que yo sé, y verlos crecer conmigo; llegar a la meta juntos, allí llorar, allí reír, diciendo: lo logramos. Quisieras ver a todos crecer, a otros superarse; Tus ojos se llenan de emoción, de solo pensar

en ello, y Tu corazón se llena, de lo que se llenan tus ojos.

225. Cada cicatriz, tiene una historia diferente.

226. Los más conocidos en el grupo, serán los menos conocidos; y los menos conocidos, serán los más escuchados y vistos por todos en el mundo.

227. Rendimiento

228. Oh Señor, ayúdame a callar y permanecer callado.

229. Van haber muchos vistiendo de ropa fina, no conocidos; pero Dios hará conocer a los suyos.

230. El verdadero cristiano, cuando el pecado está cerca, siente como si fuera un virus con catarro que está alrededor de él. Cuando el cristiano toca el pecado es como si se sintiera enfermo, sin mucha fuerza y como un poco débil, eso es solamente tocándolo quizás con la yema de un solo dedo. Cuando cae y está en el pecado, gritará: ¡Me duele el alma!

231. Señor mira mi familia, cada vez más frágil, mas entrada en edad, y lejos de Ti, sin Ti, sin conocerte o nunca haberte conocido; Ayúdame Señor.

232. El valor de los sueños; perseguirlos, aunque todos te digan que es imposible. (Dicho en la película de "Barbie", LAS TRES MOSQUETERAS.)

233. Lloro, me quedo sin respiración, al ver que tantos años estando en el evangelio, estoy cogiendo otro camino; un camino de lujuria, un camino de maldad. Mientras que aquellos lo cual veíamos bebiendo, fumando, haciendo cosas ilícitas; están ahora bebiendo del evangelio, llorando de alegría en su corazón, por estar en el camino verdadero, que es en Cristo Jesús Señor nuestro.

234. La diferencia de dos personas de clase media, uno que ame a Cristo en su corazón y otro que no; es que mientras que el que no, busca y gasta dinero en médicos; y el que ama a Cristo pide para el cielo, Dios sana, y se ahorra lo que iba a gastar.

235. Quisiera que mi mente, mi pensar, te abrazara; que mi ser esté en medio de Ti, recostado.

236. Mientras está el arroz, comemos arroz; más cuando falta, aprendemos a buscar ñame. A veces nos tienen que dejar solos, sino no aprendemos.

237. Yo estoy estable Contigo, sin Ti, no lo estoy.

238. Calle mi boca, y crezca mi humildad para gloria tuya, Amén.

239. Algunos hombres que llevan años con sus esposas, se la pasan guiñando el ojo a otras, coqueteándoles; y para cuando llega el momento de la muerte de su esposa, están llorando, de su boca sale un: ¡Quiero morir! Después se encuentran solos, y sin ganas de vivir.

240. 3 minutos en carro, 15 minutos a pie; estamos adelantándonos en la vida, y estamos atrasándonos en otras cosas.

241. Las personas han aprendido, que para atraer "rating", no es fingir, ni tampoco un libreto inventado; sino ser realista, hablar

con testimonio de su propia vida siendo sinceros.

242. Que mucho hablamos de nuestros compañero de trabajo, sean supervisores, empleados; que si aquel no hace nada, que si aquel es lento, que si lo otro. Porque no tratamos de hablar con compañerismo, o mejor; porque no nos callamos.

243. Ciertamente es mejor hacer, y callar.

244. Cuando dejas que la maldad entre por tus ojos, y llegue a tu corazón, se va la sabiduría; si antes hacías ejercicios para mantenerte en forma, ya no entiendes la razón del porqué no puedes hacerlo, y pierdes la figura. Crees que tu forma de vestir es la más bonita, pero detrás de ti se están riendo. Y si todavía no te ha sucedido, espera el futuro que viene, donde entras a ser anciano o anciana, ya tu cuerpo no es el mismo, ya no puedes ser, ni hacer lo que podías hacer antes. La plaga de la maldad es muerte, muerte espiritual, y física.

245. Muchas veces nosotros los adultos provocamos que los niños cambien la santidad que está en ellos de por sí.

Cuando venía de camino del trabajo, unas niñitas, familia de mi esposa, gritaron que detuviera el vehículo, yo pensé, están solo jugando, pero quizás por no dejarlas plantadas paré. En ese entonces se asoma su abuelo por la ventana, y grita bruscamente: ¡Síguelo! Seguí, vi el semblante de las niñas cuando se entristecieron; cuando llego a casa me preguntan si las niñas querían que yo detuviera el vehículo, le dije sí, y le conté lo sucedido; la persona me informa: Ellas querían regalar un detalle de este día especial a la familia que vivía cerca, que pasaban en sus vehículos para sus casas vecinas. Lamentablemente, ¿Qué habrá pasado en sus corazoncitos cuando eso sucedió? Quizás un desaliento, quizás se estremecieron como cuando alguien le rompe el corazón a un adulto.

246. ¡Que pasa! Ya nadie aguanta, los días se van rápido, parecen ensorosos; si estamos trabajando, parece más de lo mismo. Nuestro hijos, hay veces que haciendo tantas cosas, no encuentran que hacer ¡Qué pasa! La razón está escrita, en el libro más importante del mundo (Lo digo en serio, lo dice)

247. En esta tarde escucho una persona cercana a mí (En familia) diciendo: Si él no va al templo, yo tampoco voy a ir (Íbamos camino al templo). Hay tanta presión en los hermanos de la iglesia, que ya no aguantan; dicen que lo que quisieran es llorar y cerrar los ojos. La biblia dice: *(Mt. 24: 22) Y si aquellos días no fuesen acortados, nadie sería salvo; mas por causa de los escogidos, aquellos días serán acortados.* Ya casi nadie aguanta, muchos se han ido, y otros deben cuidarse, porque en cualquier momento en un abrir, y cerrar de ojos se pueden ir.

248. Los hijos son los polos que hacen fuerza, para hacer que un matrimonio se encuentre; aún, cuando estén separados.

249. Señor hazme recordar, cuando veo a aquellos que no tienen saber, ni entendimiento; porque ciertamente si no te hubiera conocido, sería como uno de ellos. Así que, calle mi boca y mi mente, más no llegue al corazón nunca, por favor; en el nombre tuyo, Amén.

250. Cuando uno está solo, compra lo que sea, hace lo que sea; más cuando uno está comprometido, piensa por dos.

251. No dejar para después lo que se puede hacer ahora, no sea que cree molestia, y me dé dolor.

252. El mundo te dice te amo; espera un poco, y una vez que le falles, se olvidará de todo lo bueno que hiciste por él.

253. Como habrán sido esos tiempos, cuando las bombillas de ese local por primera vez encendieron, y las cosas nuevas estaban acabadas de instalar; ya no es un "Bar", solo quedan escombros.

254. Tuviste misericordia y esperasteis, no los destruisteis; se humilló tu pueblo delante de Ti, y creció, prosperó, y Tú lo bendijisteis.

255. Dios tiene misericordia de nosotros; pero no quiere decir que no hay consecuencias, para que no nos gloriemos de que no nos pasó nada. Quiere decir, que tenemos que buscar no cometer el mismo error, para poder ser perfeccionados.

256. A la verdad que una mala decisión, o desobediencia; trae una secuencia, de malas consecuencias.

257. Como una gota en el cristal de un automóvil, impulsada por el viento, pasando entre todas las demás, hasta llegar a la meta del fin...

258. Jesús no vino a abrogar la ley, vino a cumplirla; cumpliéndola, no obligó a nadie a que la cumpliese; y nosotros que no podemos cumplir ni la mitad, queremos obligar a los demás a que lo hagan.

259. Caminar sin una meta, es como ir rumbo al vacio, rumbo a la nada.

260. Que fácil se nos hace votar, desbaratar y malgastar en el día de la abundancia, sin tener consideración por si hubiese una posible escasez. Dios nos enseña en el día malo, para que valoricemos lo que vamos a tener en la abundancia.

261. Esta mañana mi esposa me comunica que ya las merienda de los niños para la escuela se habían agotado, y solo quedaba para el día de hoy, tampoco en el momento tenía el dinero para comprar; su rostro se entristeció de preocupación, mientras mi corazón se llenaba de un profundo sentimiento. Le pido a mi esposa un favor:

Cuando puedas, arrodíllate ante Dios, y pídele por esta situación. En este momento le decía yo a Dios dentro de mi alma: Por favor ayúdame. Cuando voy a encender el auto para salir a trabajar, en el piso del automóvil había una funda llena de mandarinas que me habían regalado, pero había olvidado que las tenía allí. Se las llevo a ella, y le digo: Aquí tienes la bendición de Dios para las meriendas.

Conclusión

Pensamientos profundos que surgieron del amor Dios hacia nuestras vidas.

He aquí concluyo con parte de la historia de mi vida:

Comencé a ver la gloria de Dios desde que era muy pequeño, pero lo entendí de adulto. Recuerdo que de niño, mi hermano y yo le pedimos algo a Dios, quizás mi hermano y yo queríamos saber si Dios era real; mencionamos cuatro razas de perros, si pasaban los cuatros por enfrente de nosotros, veríamos su gloria por primera vez en nuestras vidas; sorprendentemente pasaron, nos cundió el temor, y nos escondimos. Hoy de adultos, le traigo este recuerdo a mi hermano, su corazón se llena de emoción, fue la primera vez.

Quizás Dios me mostró su gloria muchas más veces, pero traigo lo que ahora recuerdo. También recuerdo como mi corazón lloraba de amor por Dios, mientras escuchaba sus melodías, canciones que le dedicaban a Él; y todavía aún de adulto. Solo tenía quizás, algunos seis o siete años.

Como mencioné antes en uno de los pensamientos; cuando cursaba de grado a un nuevo plantel escolar, cada vez que me enfrentaba a la famosa bienvenida, que era con golpes; había siempre alguien, el más fuerte de la escuela, y de los que todos le tenían temor, me cuidaba, y no permitía que nadie me tocara; uno de ellos: Juan. No comprendía por qué, pero era Dios que siempre me cuidaba.

En una ocasión, en el primer auto que compré, como de cuarenta a sesenta millas por hora en una curva, mi auto se levantó en el aire, quizás a unas pulgadas del suelo; cayendo al suelo de nuevo; miré, y había a mano derecha un vacio, otra vez Dios no permitió que pasara un accidente. Al otro día pasando de día por el lugar, una persona en su auto haciendo lo mismo que hice, había caído.

En un punto de drogas, estando yo con unas amistades; la policía entró al lugar llevándose a todos, arrestados; para sorpresa, ya yo estaba de camino para mi casa, y sucedió justamente en el momento cuando pasaba la primera curva del camino, ni ellos nos vieron, ni yo me entere del suceso, solamente hasta al otro día cuando uno de los que habían atrapado me dio la noticia, y nos dijo: Los vi desaparecer en la curva, nosotros tranquilos, y de momento llegaron y nos llevaron. Nunca me envolví en las drogas, ni tan siquiera en cigarrillos; me preguntaba ¿Cómo es que nunca nos metimos en ser usuarios de ella? Compartíamos con los usuarios, pero nunca lo fuimos. Ahora entiendo,

Dios nos llevaba de su mano, para que nuestro pie no tropezara, por un propósito.

Cuando por primera vez en mi vida me quedé sin trabajo, (Ya casado, con dos niños) mi esposa se desesperaba, estaba acostumbrada a vivir en la abundancia, sin embargo yo sabía lo que era vivir en escasez; cuando llegó el momento en el cual no soportaba ver a mi esposa sufrir, clamé a Dios, pero esta vez mucho más fuerte, y con llanto en el alma, decía: ahora sí, ya no aguanto, Dios ayúdame. Iluminó Dios mi mente, que hiciera cincuenta resume y los entregara todos, Él quería que aprendiera a estar dispuesto, y ser persistente; viendo Dios mi coraje en estar en la disposición, al ver que me eché a andar; solo llegué a entregar dos cuando ya me estaban llamando para entrevistarme de los dos lugares. Comencé a trabajar en el segundo que me llamaron, era un proyecto nuevo, me asignaron un adiestrador; poco después supe, que quien me estaba adiestrando, era esposo de la amiga del dueño de ese hospital grande, y de otro. No sabía por qué Dios había puesto esas personas a mi lado, hasta que un tiempo más tarde, cuando las finanzas en el hospital (Como también en el mundo) estaban más apretadas, comenzaron a cesantear, y en ese grupo estaba yo. Necesitaban a alguien en otra plaza que estaba corriendo, pero no querían invertir en nadie; viendo mi nombre en la lista, mi adiestrador y su esposa, llamaron a administración suspendiendo mi despido, ya que me habían considerado, y escogido para la plaza.

Amar a Dios con todo el corazón, amarlo sobre todo lo existente en este mundo, más que a todo. Amar su música, amar su palabra; siempre, y para siempre.